此专著为中共海南省委统一战线工作部委托海南省统一战线
理论研究基地（海南热带海洋学院）项目——革命时期海南
统一战线理论与实践研究课题成果之一

琼崖大革命时期统战宣传工作研究

张燕　宁波◎著

人民日报出版社

北京

图书在版编目（CIP）数据

琼崖大革命时期统战宣传工作研究／张燕，宁波著.—
北京：人民日报出版社，2023.10
ISBN 978-7-5115-7959-1

Ⅰ.①琼… Ⅱ.①张… ②宁… Ⅲ.①华南抗日根据
地—统一战线工作—研究—海南 Ⅳ.①D613

中国国家版本馆 CIP 数据核字（2023）第 164705 号

书　　名：琼崖大革命时期统战宣传工作研究
　　　　　QIONGYA DAGEMING SHIQI TONGZHAN XUANCHUAN GONGZUO YANJIU
作　　者：张　燕　宁　波

出 版 人：刘华新
责任编辑：刘思捷

出版发行：人民日报出版社
社　　址：北京金台西路 2 号
邮政编码：100733
发行热线：（010）65369509　65369527　65369846　65369512
邮购热线：（010）65369530　65363527
编辑热线：（010）65369521
网　　址：www.peopledailypress.com
经　　销：新华书店
印　　刷：三河市华东印刷有限公司
法律顾问：北京科宇律师事务所　　（010）83622312

开　　本：710mm×1000mm　1/16
字　　数：168 千字
印　　张：13.5
版次印次：2024 年 1 月第 1 版　　2024 年 1 月第 1 次印刷

书　　号：ISBN 978-7-5115-7959-1
定　　价：68.00 元

序言　中国共产党早期统一战线思想的发展

1921 年 7 月 23 日，中国共产党第一次全国代表大会在上海正式开幕，最后一天转移至浙江嘉兴南湖，大会制定了《中国共产党的第一个纲领》，通过了《中国共产党的第一个决议》，指出今后工作的重点是建立工会组织，指导工人运动，并做好宣传工作，提出工人阶级自身团结统一的问题，但却主张"对现有其他政党，应采取独立的攻击的政策"，"不同其他党派建立任何关系"①。

此后，为加强工人阶级内部团结，1922 年 5 月，第一次全国劳动大会在广州举行。大会号召"全国工人阶级团结起来……不分男女老少，联合成一个阶级战线，反对国际帝国主义和封建军阀"②。1922 年 6 月 15 日，中共中央发表《中国共产党对于时局的主张》，强调："要邀请国民党等革命的民主派及革命的社会主义各团体开一个联席会议，……共同建立一个民主主义的联合战线，向封建式的军阀继续战

---

① 《建党以来重要文献选编（1921—1949）》第 1 册，中央文献出版社 2011 年版，第 6 页。

② 中共中央统战部：《中国共产党统一战线史》，中共党史出版社 2017 年版，第 6 页。

争。"① 这是中国共产党自成立以来发表的关于时局的第一个重要宣言，明确表达了中国共产党建立"联合战线"的政治主张。

不到一年的时间，中国共产党有关统一战线的思想和主张经历了重要转变：由成立之初"不同其他党派建立任何关系"逐渐发展成要邀请国民党等革命的民主派及革命的社会主义各团体"共同建立一个民主主义的联合战线"。这一重要转变主要源自中国共产党自成立以来领导各阶层群众从事反帝反封建的斗争实践，源自中国共产党在斗争中学习和运用马克思主义观点来观察和分析中国问题的现实需求。因此，必须争取一切可能的同盟者，实现革命政党之间的联合，实现工人阶级和革命群众的联合，推动建立和发展广泛的反帝反封建的统一战线。

1922 年 7 月 16 日至 23 日，中国共产党第二次全国代表大会在上海举行，第一次提出了明确的反帝反封建的民主革命纲领，通过了中国共产党关于统一战线工作的第一个文件《关于"民主的联合战线"决议案》，提出"我们共产党应该出来联合全国革新党派，组织民主的联合战线，以扫清封建军阀推翻帝国主义的压迫，建设真正民主政治的独立国家为职志"。该决议案强调："要先行邀请国民党及社会主义青年团商讨建立联合战线的具体问题。应联络倾向共产主义的议员和真正民主派的议员，结成民主主义左派联盟。还要在全国各城市集合工、农、商、教、学、妇及律师、记者等团体，组织'民主主义大同盟'。"② 中国共产党第二次全国代表大会在全党层面就统一战线问题达成共识，

---

① 中共中央统战部：《中国共产党统一战线史》，中共党史出版社 2017 年版，第 9 页。
② 《建党以来重要文献选编（1921—1949）》第 1 册，中央文献出版社 2011 年版，第 139 页。

"为建立民主联合战线、推动国共合作奠定了思想理论基础，在党的统一战线发展史上具有开创性的重要地位和意义"①。

1922 年 8 月底，中共中央执行委员会在杭州西湖召开会议，决定"在孙中山改组国民党的前提条件下，共产党的负责人先行加入国民党，同时劝说全体共产党员以个人身份加入国民党"，这标志着合作政策由最初的党外合作开始转向党内合作。1923 年 1 月，共产国际执委会作出《关于中国共产党与国民党的关系问题的决议》，对国共合作起到推动作用。② 1923 年 2 月 4 日，爆发了京汉铁路工人大罢工；7 日，在帝国主义支持下，军阀吴佩孚血腥镇压罢工工人，京汉铁路工人大罢工失败。二七惨案后，全国工人运动转入低潮。"中国共产党人从京汉铁路工人大罢工失败的事实中看到，这时的革命力量远不如帝国主义和封建势力强大。党认识到结成最广泛的统一战线的重要性，决定采取积极步骤，联合孙中山领导的中国国民党。"③

1923 年 6 月 12 日至 20 日，中国共产党第三次全国代表大会在广州举行，经过讨论，大会接受了共产国际关于中国共产党同中国国民党进行合作的指示，通过了《关于国民运动及国民党问题的议决案》《中国共产党第三次全国代表大会宣言》等文件。其中心思想是"以国民革命运动为中心工作"，共产党员以个人身份加入国民党，采取党内合作的形式，同国民党建立联合战线，以完成反帝反封建的国民革命的重要任务，但同时要在政治上、思想上、组织上保持独立。在中国共产党的积极推动下，1924 年 1 月 20 日至 30 日，中国国民党第一次全国代表大

---

① 中共中央统战部：《中国共产党统一战线史》，中共党史出版社 2017 年版，第 11 页。
② 《中国共产党简史》，人民出版社、中共党史出版社 2021 年版，第 19 页。
③ 《中国共产党简史》，人民出版社、中共党史出版社 2021 年版，第 19 页。

会在广州举行。大会确立了孙中山提出的联俄、联共、扶助农工的三大政策，通过了《中国国民党章程草案》，确认了"共产党员以个人身份加入国民党的原则，虽然国民党内部情况相当复杂，但它已经开始成为工人、农民、城市小资产阶级和民族资产阶级的民主革命联盟"①。此后，工人运动逐渐恢复，农民运动日益兴起，全国革命形势迅速高涨，形成了以广州为中心的反对帝国主义和封建军阀的革命新局面。

尽管国民党一大的召开标志着第一次国共合作正式形成，然而国民党右派并不愿意执行国民党一大的宣言和章程。1924 年 6 月 18 日，国民党中央监察委员邓泽如、张继、谢持具呈孙中山弹劾共产党，并致函中央执行委员会，声称"共产党员及社会主义青年团加入国民党。'确于本党之生存发展有重大妨害'，主张国民党内'绝对不宜党中有党'"②。1924 年 8 月，针对国民党中央执行委员会持续对"国民党内之共产派"问题进行讨论，最终"国民党中央执行委员会对全体党员发表关于容共之训令"③。由此可见，国共两党合作存在重大隐患。中国共产党面临的问题是：在日益高涨的大革命浪潮中，是应当在国民党的旗帜下为了国民革命运动去组织中国工人、农民以及青年，还是应当由共产党直接去组织群众？

1925 年 1 月 11 日至 22 日，中国共产党第四次全国代表大会在上海举行，大会通过《对于民族革命运动之议决案》等 11 个决议案，并选出新的中央执行委员会。党的四大第一次明确提出无产阶级在民主革命中的领导权和工农联盟问题，"无产阶级的政党应该指导无产阶级参加

---

① 中共中央统战部：《中国共产党统一战线史》，中共党史出版社 2017 年版，第 16 页。
② 韩信夫、姜克夫主编：《中华民国史·大事记》第 2 卷，中华书局 2011 年版，第 1960 页。
③ 韩信夫、姜克夫主编：《中华民国史·大事记》第 2 卷，中华书局 2011 年版，第 2003 页。

民族运动，不是附属资产阶级参加，乃以自己阶级独立的地位与目的参加"。同时，无产阶级和农民等一切劳动群众，需要有"强固的阶级组织及其政党，才能够保障革命的胜利"。大会申明农民是无产阶级同盟军，强调农民在中国民族革命中的重要地位，指明工农联盟是无产阶级取得领导权和中国革命胜利的根本保证。大会将农民问题同无产阶级领导权问题联系起来，阐明了农民是无产阶级的天然同盟者，不解决农民问题，"希望中国革命成功以及在民族运动中取得领导地位，都是不可能的"①。

中国共产党在大革命时期对于革命领导权的探索，以中国共产党历次全国代表大会精神及其决议为指导，以国共合作一年来的实践为基础，重点强调无产阶级取得民主革命领导权，推进工农联盟和加强农民运动等重要问题，为日后民主革命运动和群众运动的发展提供了有力指导。

大革命时期，琼崖统战宣传工作开始起步。不仅在早期的革命斗争中形成了联合斗争的宝贵经验，更是在中国共产党人的领导下，以建立和发展民主联合战线为己任，掀起了轰轰烈烈的琼崖大革命，琼崖宣传工作的核心便以此为重点逐渐走向成熟。

---

① 李颖：《中共四大历史意义探析》，《中共党史研究》2015 年第 1 期。

目 录
CONTENTS

第一章

五四时期统战宣传工作的起步与发展

　　1921 年至 1926 年，何瑞年西沙群岛实业公司原案被反复呈覆，从此事件被披露到原案被正式撤销，抗日宣传和统战工作发挥了重要作用。围绕日本图谋西沙群岛事件的发展进程，宣传和统战工作逐渐融合，在事实调查的基础上，以揭露事件本质为根本任务，以唤醒琼崖民众和实现最广泛的联合斗争为己任，走过了从自发性宣传到自为性宣传的发展历程，为日后琼崖统战宣传工作的科学化、成熟化奠定基础。

一、五四时期统战宣传工作的重要实践——以何瑞年西沙群岛实业公司原案为例

　　早在 20 世纪初，日本人西泽吉次对东沙群岛及岛内资源的侵占和掠夺，便激起中国人民的反抗。据《三亚市志》记载：1922 年"日本人勾结琼崖奸商何瑞年在西沙群岛设立'实业公司'，盗窃西沙磷矿资源"[①]，成立盗掘西沙群岛鸟粪资源的"南兴实业公司"，暴露了其"欲以海南为外府"的野心，不仅如此，日本人还大肆搜捕并杀害在西沙群岛捕鱼的渔民，犯下了令人发指的罪行。从消息被披露到琼崖民众取得斗争的胜利，宣传和统战工作逐渐融合，推动琼崖民众在斗争中走

---

　　① 三亚市地方志编纂委员会编：《三亚市志》，中华书局 2001 年版，第 22 页。

向联合，呈现出鲜明的时代特点。

（一）早期宣传工作：以揭露事实为己任，以维护海权为核心

东沙群岛及其岛内资源被日本人侵占的事实，引起两广总督张人骏的重视。为防止此事在西沙群岛重演，1909年，张人骏派水师提督李准等人考察西沙群岛，通过重新命名和登岛升旗的方式宣示主权。其深远影响在于西沙群岛的主权归属引起了国内国际的关注，增强了民众对西沙群岛的主权意识，为日后捍卫西沙群岛主权奠定了基础，也为日后抗日宣传和统战工作进一步发展做了准备。

随后，经过张人骏奏报、继任者袁树勋督办，西沙群岛筹办处被裁撤，其归属并入劝业道。劝业道是清末为振兴实业而进行的官制改革，掌管各省的农、工、商、矿及交通业。此后，西沙群岛实业开发进入静置期，据《西沙岛东沙岛成案汇编》记载，劝业道"对于西沙群岛有无何项计划设施已无可考"，至民国肇兴"时逾数稔，亦未闻有何种进行。就案卷可考者举之，类皆属于商人之呈请承办事件"①。

自1917年开始，历经何承恩、邓士瀛请办未成，梁国之请办已准未成，刘惠农与谭宏请办未成之后，1921年3月，广东香山县商人何瑞年向南方军政府②内政部申请承办西沙群岛实业，内务部批文"经前军政府内政部咨陈内务会议查核，事属可行。咨行广东省长发给护照，先往查勘在案"③，并获得五年试办权。据《承领书》记载，该公司获

① 陈天赐编：《西沙岛东沙岛成案汇编》，1928年，第24页。
② 亦称护法军政府。旨在维护《中华民国临时约法》，反对北洋军阀。1917年8月25日经非常国会议决，于同年9月10日在广州正式成立。1921年5月5日，依《中华民国临时政府组织大纲》，取消军政府（参阅资料来源：中华人民共和国中央人民政府网、广州档案局、中山市档案局）。
③ 陈天赐编：《西沙岛东沙岛成案汇编》，1928年，第33页。

得了开发西沙群岛五年的权利,承领地包括:"广东琼崖海面西南之西沙群岛,分列十五处,计东七岛、西八岛,各距海口海线一千余里,位于北纬十六度至十七度,东经百十一度至百十三度之间,距榆林港远者一二百里,近者数十海里。"① 随后,内务部发布咨省署文:"查商人何瑞年等组织西沙群岛实业无限公司,呈领西沙群岛,开办实业",表面上所开办的实业"只限于垦殖渔业"②,实际上,该公司获得了内政部"该商有优先权取得矿业权之权"的批准,而且"凡有人承请西沙群岛探采第二类矿质,均应通知西沙群岛实业公司,限期令其承复是否欲得该地矿权,必俟该公司声明不欲自办或逾期不复,始能核准他商呈请"③。1921 年 11 月 1 日,广东琼崖西沙群岛实业公司正式成立。同年12 月,何瑞年开始筹划前往西沙群岛进行勘测的相关事宜,又于 1922 年 4 月间向省署提出增设股东为十人的呈请书。

1922 年 2 月,在给该公司开具承垦证书之前,管辖西沙群岛的崖县政府具有勘测核实的权力,因此,崖县政府派遣崖县公民大会执行委员陈明华,协同琼崖西沙群岛实业公司经理陈介叔前往西沙群岛进行勘测。

此事立即引起崖县爱国青年的强烈抗议,以崖县单级师范学生为代表的爱国人士组织成立了"'崖县勘测西沙群岛委员会',派委员陈明华至西沙实施调查"④。勘测期间的耳闻目睹,让陈明华警觉起来,他逐渐洞悉了日本人勾结中国奸商的阴谋,在《崖县勘测西沙群岛委员陈明华报告》(以下简称《报告》)中,细数了此次勘测西沙群岛的过

---

① 陈天赐编:《西沙岛东沙岛成案汇编》,1928 年,第 32 页。
② 陈天赐编:《西沙岛东沙岛成案汇编》,1928 年,第 37 页。
③ 陈天赐编:《西沙岛东沙岛成案汇编》,1928 年,第 35 页。
④ 三亚市地方志编纂委员会编:《三亚市志》,中华书局 2001 年版,第 22 页。

程，明晰了如下事实。

其一，披露日本人偷盗西沙群岛磷矿资源的事实。

据《报告》记载："1922 年 2 月 16 日 1 时，由玲洲岛西南开行，下午 2 时达枯群洲之吕岛、笔岛。17 日测勘。计吕岛有矿区 167.25 亩，笔岛矿区 163.30 亩，磷质甚富。有文昌、乐汇、琼东人渔于其地者，据言二岛磷质，向被日人历年偷采无数。经委员巡视，见吕岛尚有麻包装载堆叠三百余包，及净磷大小共八堆，夹石灰者共六堆，皆待起运者。"[①] 报告清晰记录了日本人当时盗掘磷矿资源的现状，从麻包堆叠和磷矿吨位数量来看，日本人在西沙群岛的盗采已成规模。

不仅如此，"台湾总督府"同期调查报告更加清晰地记录了日本人在西沙群岛规模化的施工方式、分工细节、运输器械、生产工具和生活设施等情况："当时平田（笔者注：平田即日本商人平田末治）采掘位置主要集中在甘泉岛，雇佣工人来自琉球和台湾，施工方式采取露天开采，分工环节包括采掘、搬运、装船等；其生产设施有采矿场、储矿场和仓库、码头等，并铺设了运送矿料的铁轨，搭成送货上船的栈桥，配有台车、艀船等机械，此外还建设了小规模的锻冶场和木工场以打造生产工具等。"至于岛上生活设施，"有事务所兼宿舍一栋、矿夫长屋两栋、炊事场兼矿夫食堂一栋、炊事附属小屋一栋、杂物屋一栋……为了提供饮用水，建有三个储存雨水的水槽以及两个饮用水过滤器"[②]。由

---

① 《琼崖公民对西沙群岛沦亡宣言书·附：崖县测勘西沙群岛委员陈明华报告于后（1922 年）》，中共海南省委党史研究室编：《琼崖大革命史料选编》，1994 年，第 14 页。
② 刘永连、卢玉敏：《从日本史料看近代日本势力对西沙群岛的渗透——以 1921—1926 年何瑞年案为中心》，《中国边疆史地研究》2018 年第 1 期。

基础设施的建设规模可知，日本人已经完全具备盗掘西沙群岛资源的条件和能力。据统计，仅在1921年6月至1922年3月间，平田就先后两次雇用"明保野丸"号商船到岛，装运鸟粪磷矿共4300吨回国销售①。由此可知，日本已经开始大规模地从西沙群岛牟利。

其二，洞悉日本人勾结何瑞年窃占西沙群岛的企图。

《报告》中明确引述了陈明华的推测："抑委员尚有言者：查该实业公司，系由何瑞年与梁国之所组织，总为七股；何占三份而梁占四份。访知梁国之系日本浪人，现寓香港，冒称闽籍，素与何瑞年交好，故得合租该公司而占多份。窃揣西沙群岛，昔为日人所占，几经交涉，始得归还我国所有。苟一旦为日人合垦，海权领土，尽行丧失。盖日人野心勃勃，苟由蚕食之隙，便肆鲸吞之心，非严于拒绝，则西沙群岛一失，而琼崖必尽入其势力范围矣。"② 之所以得出上述结论，除了西沙群岛曾为日本人所占的事实外，还凭借如下事实：在何瑞年呈请建立"广东琼崖西沙群岛实业无限公司"的同时，于1921年11月24日与平田末治签订《合办西沙群岛实业公司订立合同》，达成"合办"开发西沙群岛磷矿资源的协议。与此同时，日本通过"南兴实业公司"③ 开始盗掠西沙群岛其他资源，实施其侵略海南岛的计划。

其三，揭露日本人欺压渔民、抢夺财物的卑劣行径。

① 刘永连、卢玉敏：《从日本史料看近代日本势力对西沙群岛的渗透——以1921—1926年何瑞年案为中心》，《中国边疆史地研究》2018年第1期。

② 《琼崖公民对西沙群岛沦亡宣言书·附：崖县测勘西沙群岛委员陈明华报告于后（1922年）》，中共海南省委党史研究室编：《琼崖大革命史料选编》，1994年，第15页。

③ 刘永连、卢玉敏：《从日本史料看近代日本势力对西沙群岛的渗透——以1921—1926年何瑞年案为中心》，《中国边疆史地研究》2018年第1期。

《报告》首先强调了此次勘测日本人全程参与的事实，即观其此次测勘，南兴丸全船人，除陈介叔及测绘生与委员等，其余皆为日本人，"即号为经理之冒称福建人高瑞南者，亦是日本人"。接着详细记录了两次日本人抢夺渔民财物的事实，即"故至登岛、督岛之日，即抢我国渔人之白麻船索大小共二十余扎，铁线船绳四扎，红白漆油大小二十余罐，谓为彼日人破船所余者，我渔人激愤与之争执。委员恐酿成交涉，力勒乃止。又返吕岛时，该南兴丸驶往后，又不知何处抢我渔人红米十余包，铁水柜一个。此为制图完成后落船所见"①。

在勘测期间，陈明华等人也亲见日本人在西沙群岛上横行霸道、欺压渔民、抢劫财物，进而在《报告》中感慨："以此横蛮欺凌，苟西沙群岛为其承垦后，我渔人尚有侧足之余地乎？"基于此，陈明华强烈呼吁崖县政府撤销琼崖西沙群岛实业公司，"委员见闻所及，不忍缄默，用敢直陈，应请呈省署将原案注销，俾日人无从施其伎俩，地方幸甚，国家幸甚"②。随后，崖县县长孙毓斌在上报广东省政府的呈文中强调："据该船员所言，日间即有数千吨大船，由日运工人二百余人前来该岛，经营开辟，闻之寒心。若不速行禁止，恐我琼崖多事矣。"③

这一时期，琼崖爱国人士在调查研究的基础上，通过书写报告、上呈报告的方式，以期引起官方重视，立意深刻、站位高远，以护卫海权

---

① 《琼崖公民对西沙群岛沦亡宣言书·附：崖县测勘西沙群岛委员陈明华报告于后（1922年）》，中共海南省委党史研究室编：《琼崖大革命史料选编》，1994年，第15页。
② 《琼崖公民对西沙群岛沦亡宣言书·附：崖县测勘西沙群岛委员陈明华报告于后（1922年）》，中共海南省委党史研究室编：《琼崖大革命史料选编》，1994年，第15—16页。
③ 陈天赐编：《西沙岛东沙岛成案汇编》，1928年，第51页。

国基为根本出发点，拉开了琼崖早期抗日斗争的序幕。

（二）自发宣传阶段：以民间与官方协力，引发民众联合关注

在陈明华调查、书写和呈报报告的同时，日本变本加厉图谋西沙群岛资源、残害中国渔民的卑劣行径已为民间爱国人士所知悉，他们呼喊奔走、促成多方联合，多形式多角度地揭露日本图谋，目的是唤起民众共同守护西沙群岛的斗志。

1. 林缵统呼吁奔走，联络和推动乡绅、商贾开发西沙群岛

林缵统（1852—1922），字承先，号天民，海南省三亚市崖城镇人。20 岁时，曾因目睹崖州天灾人祸、民不聊生而痛心疾首，是以忧国为民成为他科考入世的根本原因。1894 年结识康有为、梁启超，追随其变法图强。1895 年，为发动外省举人参与"公车上书"而奔走呼号，至此，致力于救亡图存的宣传成为他最重要的工作。

维新变法失败后，林缵统返回海南老家，潜心向学。据海南史志网记载："民国期间，（林缵统）奔走万宁县、乐会县（今属琼海市）等地，联络和推动乡绅、商贾开发西沙群岛。"据史学家研究，尚未见史料对此事的明确记载①，但这一说法却已经被民众普遍接受，常见于媒体报端，究其原因在于林缵统"性介而刚，义之所在，赴若江河之决，生死咸于不顾。日与奸吏为难，系狱数次而峥嵘之骨而百折不磨〔挠〕"的品格。结合林缵统科考入世的根本原因和他一贯的行事作

---

① 蔡葩：《清末戊戌志士——海南举人林缵统》，《海南日报》，转载于海口网·琼台人文·琼台俊杰，网络登载时间：2010 年 11 月 3 日。所载内容主要是崖城文史专家徐日霖依据熟悉《崖州志》、撰写《崖城从前》的黄家华所提供的历史资料，梳理海南举人林缵统的生平事迹和突出贡献。在文末，徐日霖强调：关于林缵统是否筹办开发过西沙，至今仍缺乏足够的证据……但其品行道义，大智大勇，堪称崖州英雄豪杰，至今仍激励着后人。

风，这一品质也必将推动作为崖县名士的他，奔走呼号，联络和推动乡绅、商贾群体联合开发西沙群岛，以实业方式保家卫国。陈天赐编著的《西沙岛东沙岛成案汇编》中，记录了从 1915 年以来商贾历次呈请开发西沙群岛的经过，展现了商贾积极投身开发西沙群岛的热情。由此，不难看出，琼崖有识之士已经意识到开发西沙群岛的重要性。

2. 吴发凤以琼剧揭露日本图谋，唤起民众护卫西沙的斗志

吴发凤，清末民初琼剧名伶之一。辛亥革命爆发后，受林文英等革命义士的影响，为有效宣传革命思想，吴发凤开始改革传统琼戏。1910 年，吴发凤加入同盟会，将自己的琼剧创作打上深深的时代烙印：以宣传进步思想、唤醒民众为己任。1919 年，五四运动推动反帝反封建的革命洪流席卷华夏大地，吴发凤义无反顾地以琼剧创作为武器，以充满革命激情和意识觉醒的新剧本，开启海南戏曲史上时装剧的先河，起到了开发民智、启迪思想的重要作用。1921 年，在革命党人徐成章、徐天柄、王器民等人的影响下，为更好宣传革命思想，由吴发凤发起并成立琼崖伶界工会。在琼剧名伶的共同努力下，琼剧成为反对封建文化、殖民地文化的重要武器。

为揭露日本侵略我国领土的图谋，吴发凤奋起提笔创作琼剧剧本《西沙惨剧》①，引起民众广泛关注。1922 年，海南琼剧文明剧改良运动如火如荼；同年，吴发凤修改了创作于五四运动时期，以海南革命烈士

---

① 在当前网络媒体和相关研究中，提到的此时期所上演的与日本图谋西沙群岛密切相关的琼剧剧目是《西沙惨剧》。例如，《日本曾秘密染指西沙　解密西沙群岛的抗日斗争》（《海南日报》2012 年 8 月 20 日）一文中写道："日本人的恶劣行径也激起了民间各界的反抗。爱国人士还编演了《西沙惨剧》，引起了民众广泛关注。"文中未提到《西沙惨剧》的作者，但是在吴发凤编撰的部分剧本目录中，《西沙惨剧》与《孔雀东南飞》和《上海惨剧》并列，因此，可以确定《西沙惨剧》的作者为吴发凤。

郭钦光事迹为线索，歌颂北京、上海学生运动的琼剧《爱国运动》；在此基础上，于 1924 年创作了著名琼剧《大义灭亲》。该剧本讲述了财政总长梅国鲁接受日本公使的贿赂，以我国矿务权为抵押，向日本借款，出卖祖国主权；爱国青年郑民威发现后，立即组织除奸，并在梅丽兰（梅国鲁的侄女）的帮助下，揭发了梅国鲁的卖国罪行。从海南岛的历史演进来看，结合吴发凤曾创作反映日本图谋西沙群岛的《西沙惨剧》，《大义灭亲》很可能反映的便是这一时期日本人勾结中国奸商谋取西沙群岛资源、掠夺百姓财产、侵占中国领土的事实。

被誉为"海南乡土剧圣"的吴发凤，始终以琼剧创作为武器，以极大的政治热情，投身革命斗争的宣传工作中，通过百姓喜闻乐见的方式奏响革命的时代强音，为海南民众从蒙昧走向觉醒，积极投身革命斗争提供了思想武器。

3. 孙毓斌揭露日本盗取西沙群岛资源、企图侵占中国领土的阴谋

随着日本染指西沙群岛资源、残害中国渔民的罪行逐渐被披露，迫切需要将事实公布于众，这一任务最终由崖县县长孙毓斌担当。

孙毓斌，1922 年 1 月就任崖县首任民选县长。同年 4 月，孙毓斌全力支持陈明华，坚信西沙群岛"苟一旦为日本合垦，则海权领土尽行丧失"，依据陈明华等人前往西沙群岛查勘的报告书，书写呈文，上报广东省政府。《西沙岛东沙岛成案汇编》总结概括了呈文的核心内容："自何瑞年呈报分派股东赴岛开办以后，十一年四月间，崖县县长孙毓斌有呈报省署一文。内录该县委员陈明华呈报协同商人前往西沙岛查勘原文，先则声叙经历各岛查勘之情形及测勘各岛沙坦荒地矿区之亩数，后则声叙查访何瑞年公司为日股所组织，各等情省署据呈后即据以令饬

何瑞年明白呈覆。"① 随后附录"崖县县长呈文"原文,其核心要义主要包括以下几方面。

其一,揭露日本蚕食、鲸吞琼崖之野心,强调对于日本企图通过勾结卖国商人染指西沙一事,"非严于拒绝,则西沙群岛一失,琼崖必尽入其势力范围"②。

其二,揭露何瑞年、梁国之所组公司的日控性质。呈文重点强调何瑞年勾结日本人的事实,"查该实业公司系由何瑞年、梁国之所组织,总为七股。何占三而梁占四,访知梁国之系日本浪人冒充闽籍,现住香港,素与何瑞年交好,故得合组该公司而估多分。……号为经理之冒称福建人高瑞南者亦是日本人"③。同时强调该公司为日股组织,"三亚港全埠早已知之"。

其三,提出查办该实业公司以保海权固国基。呈文强调,琼崖"为南洋之门户,为东粤之屏藩。而西沙群岛密邇榆林港,车辅相依,又扼洋船出入之咽喉,关系实属甚锯",因此必须查清该公司的性质及股东身份的可疑之处,"以杜觊觎,而免交涉保海权,而固国基"④。

此呈文的上报,正式将日本企图侵占中国领土的阴谋公之于众。一石激起千层浪。《西沙岛东沙岛成案汇编》中对各界团体的反应有如下描述:"自崖县县长之一呈,琼崖所属各界团体为激烈之攻击者,纷然杂起。而琼崖以外团体,甚至海外之侨民亦应声反对,文电交驰,淋漓尽致。各反对者之措辞不一,而请求取消何瑞年之公司为严厉之究治

① 陈天赐编:《西沙岛东沙岛成案汇编》,1928年,第48页。
② 陈天赐编:《西沙岛东沙岛成案汇编》,1928年,第50页。
③ 陈天赐编:《西沙岛东沙岛成案汇编》,1928年,第51页。
④ 陈天赐编:《西沙岛东沙岛成案汇编》,1928年,第51页。

者，则尽于重口同声。"①

（三）有组织的宣传阶段：促成琼崖民众的联合斗争并取得阶段性胜利

经过前期的事实调研，民间和官方爱国志士的宣传，日本盗掘西沙群岛资源的恶劣事实已经为琼崖各界所知悉，此时期的宣传工作进入有组织的宣传阶段，实现了琼崖各团体甚至海外侨民的联合。为彻底揭露何瑞年等人的卖国行径和日本人窃取西沙群岛的卑劣图谋，琼崖各社会团体通过复印报告、发放传单、举行集会、请愿、发表演说等方式广泛散发和传播，进一步推动琼崖民众波澜壮阔地护卫西沙群岛主权的斗争。

这一阶段，爱国青年成为宣传工作的主力军。

1922 年 4 月，孙毓斌要求撤销何瑞年西沙群岛实业公司成案的呈文被披露后，张启经、吉采、麦上椿等 24 名爱国学生，以"琼崖公民代表"的名义发表《琼崖公民对西沙群岛沦亡宣言书》，并附发《崖县勘测西沙群岛委员会报告》，直陈日本侵占西沙的后果："西沙而入日人之掌握，则琼崖海权随之尽失"，并表达"他日肉搏西沙，血飞琼海，争主权于万难"的决心。这是日本欲以海南为外府的消息被披露后，海南民众率先吹响的战斗号角。因此，这些青年被称为"吹响西沙群岛保卫号角的二十四位热血青年"。《琼崖公民对西沙群岛沦亡宣言书》部分内容如下：

　　　　窃以山河破碎，壮士兴悲；天下存亡，匹夫有责。乃者，倭奴

---

① 陈天赐编：《西沙岛东沙岛成案汇编》，1928 年，第 52 页。

觊觎我西沙群岛，设立实业公司，利用狗彘不食之汉奸，出名顶替，实行经济灭国之手段，剥我体肤……西沙而入日人之掌握，则琼崖海权随之尽失，琼崖且将随之偕亡。琼崖亡，则我国南方舆图，能不为之改色乎？呜呼！国家破亡，于斯朕兆……觅得崖县委员当日测勘西沙报告全文，读之令人发指！爰用儒墨陈词，直抒胸臆……恳请政府迅予注销该公司，并予以惩治国奸，以警将来，是诚中国之幸也。若政府仍听奸言，不顾民意，则我琼民激于义愤，势必以最后五分钟手段，为无可奈何之对付。他日肉搏西沙，血飞琼海，争主权于万难，还山河于一发，是平生期许之志……①

由琼崖早期中国共产党人徐成章等创办的《琼崖旬报》（创刊周年纪念号），刊发了这一"宣言书"，使得宣传的力度和范围迅速扩大。在琼崖共产党人舆论宣传的造势下，一时间粤琼各界团体、海外华侨应声高涨，保卫西沙群岛的队伍逐渐扩大，并开始走向联合，有组织、有计划、多形式地声讨日本罪行，护卫海权国基。

崖城文史专家徐日霖曾言，根据资料，当时通过集会、致电、呈文等形式，向民国政府有关部门及广东省署、省长，提出抗议和质询的各界团体、组织有 30 多个。这些团体主要包括琼东县立第二高等小学校学生联合会、琼东县立第一高等小学校全体学生、崖县县议会、琼东县学生联合会、琼东嘉积公立高等小学校全体教职员学生、文昌学生联合会、乐会学生联合会、嘉积高小学校学生会、香港琼崖商会、中国国民

---

① 《琼崖公民对西沙群岛沦亡宣言书》，中共海南省委党史研究室编：《琼崖大革命史料选编》，1994 年，第 12—13 页。

党琼侨联合会筹办处等。

在琼崖各界一致对外的抗议和反对声中，注销西沙群岛实业公司事宜终于得到阶段性的解决，然而过程却几经反复。《在省署之批准照案开办与注销原案》一文对该事几经反复的经过进行了敷陈：1922 年 6 月以来，历经三个月的调查，公安局得出"覆查无异"的结论，再经何瑞年的敷陈释疑，曾经一度获得了"保护推行及令饬崖县县长依例补给承垦证书之呈请，省长陈席儒经已批示准予照案开办"①，使得事件的发展和解决又回到原点。然而，转机旋即而至，11 月省议会议员李大勋、王叙揆、王鸿饶提议"咨请省长撤销西沙群岛实业公司成案以固国防案"，议员林超南、冯河清、符鸿澄提议咨请省长查明"将西沙群岛实业公司成案撤销以固国防而杜侵略案"②，最终结果是"又将原案注销"。尽管"何瑞年不服注销处分，……呈请派人监督开办"③，但最终并未获准，广东省署正式注销了何瑞年承办琼崖西沙群岛实业公司原案。

（四）宣传统战相结合：持久性的抗日斗争拥有了最广泛的群众基础

琼崖各界如火如荼的抗议、集会和质询活动，也让日本人更加觊觎西沙群岛资源。1922 年 5 月，在一众反对声中，为确保日方利益，日本驻广东总领事藤田荣介要求签订《借款契约书》《磷矿采掘委任契

---

① 陈天赐编：《西沙岛东沙岛成案汇编》，1928 年，第 58 页。
② 陈天赐编：《西沙岛东沙岛成案汇编》，1928 年，第 59 页。
③ 陈天赐编：《西沙岛东沙岛成案汇编》，1928 年，第 58 页。

约》《磷矿买卖契约》《利益分配契约》①。这一系列契约，表明日本绝不会轻易放弃西沙群岛资源，这意味着斗争将旷日持久。

1923 年 3 月，何瑞年以"兴办实业横遭诬挠、案经查明妄被注销"为由，提请省署"维持原案"，省长徐绍桢派遣委员张锡光、司徒瑞再度进行调查，结果与之前公安局调查结果一致。于是"遂令知何瑞年，准予维持原案，仍由该公司承办，而该公司纷扰经年之局以定"②，最终"省署令饬崖县县长补给承垦证书"③。此呈文引起全国人民对此次斗争的关注和响应，掀起了声势更为浩大的斗争。

1923 年 4 月 1 日，琼崖各界人士在广州琼崖会馆集会。会后，大会推举的 10 名代表联合琼籍省议员，共赴元帅府及省长署请愿，要求省政府"即出激烈手段，亦在所不辞"，驱逐日本人出境。

据琼崖文史专家徐日霖介绍，时任孙中山经济顾问的谢彬，在1923 年 9 月公开发表《西沙群岛地理交涉》一文，号召全国人民支援琼崖儿女保护国家主权的斗争。琼崖民众在全国舆论的支持下，于1924 年 2 月 1 日召开全琼公民大会，团结一致地表明全琼民众的共同立场：抗议日人侵占西沙群岛，要求广东省长取缔实业公司，并向日本公使提出严正交涉。④ 这一活动，为海南抗日保卫西沙群岛斗争奠定了最广泛的群众基础。

1924 年至 1925 年间，由于西沙群岛实业公司股东出现内争，加之

---

① 刘永连、卢玉敏：《从日本史料看近代日本势力对西沙群岛的渗透——以 1921—1926 年何瑞年案为中心》，《中国边疆史地研究》2018 年第 1 期。
② 陈天赐编：《西沙岛东沙岛成案汇编》，1928 年，第 63 页。
③ 陈天赐编：《西沙岛东沙岛成案汇编》，1928 年，第 64 页。
④ 黄媛艳、张谯星：《日本曾秘密染指西沙　解密西沙群岛的抗日斗争》，《海南日报》2012 年 8 月 20 日。

经营不善，该公司陷入停办状态。1925 年 4 月，日方代表齐藤四郎与何瑞年签订《卖矿契约书》和《借款契约书》，双方再次勾结，通过契约的方式固化了双方的既有利益关系，从根本上保障了日本势力在西沙群岛的长期权益。

正因西沙群岛实业公司陷入停办状态，1925 年 6—8 月间，何瑞年曾承诺要上报派人入岛试办及开发进程的详细情况，然而这一呈文至 1926 年 4 月才呈覆于商务厅。随即，实业厅以何瑞年"具覆商务厅办理情形呈内所叙，则有不尽不实，难以凭信"为由，并未通过。此后，这一事件的持续跟进和解决成了这一时期政府相关部门关注的重点。

1926 年 2 月，商务厅尚未收到何瑞年呈覆，省政府却收到了琼东县民李德光等呈请承垦"西沙群岛之吧注吧舆二岛"的请求，省务会议决定将此事交与商务厅查办。商务厅在核查此事时发现，李德光曾向前省长呈请，要求根据何瑞年原案进行办理，但最终却并未获准，然而在进一步跟进何瑞年原案是如何推进的过程中，发现了问题，"何瑞年办理西沙各岛情形，久未据报，应具由厅查明，督促进行"[1]。由此可见，问题的关键在于何瑞年并未按照预先的计划推进开发，久未呈报相关事宜，还可能存在拖欠税款等问题。至此，几经反复的何瑞年勾结日本人，以兴办实业公司为名目盗掘西沙群岛资源的事实，终于败露。

（五）早期中国共产党人发起联合斗争，引领胜利

资料显示，对何瑞年公司反复调查期间，日本在西沙群岛的经营规模明显扩大，其具体表现为：

---

① 陈天赐编：《西沙岛东沙岛成案汇编》，1928 年，第 73 页。

（1）主要采矿地点转移至永兴岛，并且有向周边各岛礁扩散的趋势。1928年沈鹏飞调查指出："日人除在林岛（今永兴岛）安全采矿外，对于其他西沙群岛中之各岛，并力行探测，设计经营。"

（2）岛上生产、生活等各种设施更加完备。生产设施包括"设办事处、贮藏室、宿舍、食堂、仓库、铁道、货栈、桥梁、木船、电船，以至运送用之台车、藤箩〔萝〕，及采掘用之锄、畚、网、筛，无不整备"。生活设施"且有蓄水池、蒸溜〔馏〕机，及井泉以供饮料；有食物贮藏室、豚舍、鸡舍、捞鱼船、蔬菜圃，以供食物；有小卖部以供给日常用品；有公症制度以调理疾病"。

（3）出产数量稳增，装运频繁。随着日人采矿经验的累积以及岛上设备的完善，磷矿产量有所增加，日本商船每隔一月来岛一次，将磷矿装运回国出售，每年由岛运走之鸟粪，达15000吨；当时地质调查队还估计，日人总计盗采了该岛（永兴岛）近三分之一的磷矿资源。与此同时，日本政府占有西沙群岛的野心再度彰显。①

由此可知，自1923年以来，何瑞年西沙群岛实业公司得以维持原案，该实业公司获得西沙群岛实业开办权，日本在西沙群岛经营规模、生产设备、生活设施、开采总量和输出规模的日益扩大和完备，都坐实了何瑞年勾结日本盗掘西沙群岛资源的事实。

---

① 刘永连、卢玉敏：《从日本史料看近代日本势力对西沙群岛的渗透——以1921—1926年何瑞年案为中心》，《中国边疆史地研究》2018年第1期。

此时期，早期中国共产党人发挥了重要的先锋模范作用。其中，代表人物有陈英才、陈世训和黎茂萱。

1924年，陈英才受中国共产党党组织委派，成为广州返回崖县宣传和组织农民运动的第一人。1925年，陈英才与陈世训、黎茂萱等人趁筹建国民党琼崖党部之机，成立共产党小组，陈英才担任党小组组长。1926年6月，海南岛党的最高领导机关——中国共产党琼崖地方委员会在海口市宣告成立。1926年7月，在陈英才的领导下，中共崖城东南支部成立，成为崖县农民运动的核心组织。该支部自成立起，便承担起领导崖县民众坚决反抗日本侵略西沙群岛的斗争任务。

1926年11月，早期中国共产党人联合国民党进步人士，发动琼崖各县党部和团体，以国民党崖县党部、琼东县公民大会的名义，要求省政府派员雇船到岛、撤销实业公司、惩办何瑞年、驱逐日本人。同时，向广东省政府提交呈文《呈请迅将何瑞年承垦试办崖县东南群岛之案取消并予严重惩办》，言辞凿凿地披露何瑞年与日本商人勾结，出卖国家权益的事实。早期中国共产党人在推动反抗日本侵略西沙群岛的斗争中，吸取了前期斗争的宝贵经验：一是斗争目标明确，以护卫海权国基为斗争目标，有利于牢固团结已有的群众基础；二是采取联合斗争的方式，驱动琼崖核心团体联合国民党和公民大会，保证联合斗争的方向性和稳定性；三是根据撤销何瑞年原案的斗争经验来看，选择了最具成效的斗争方式，即通过联合呈文上报的方式，引起广东省政府的关注和重视，再通过连续发布决议的方式，持续推动斗争进程。

1926年11月，实业厅发布《实业厅撤销何商原案另行招商之议覆与省府派员调查拟具计划之议决》，此呈文引起广东省政府委员会的重视，讨论后将这份呈请交由实业厅核办，并要求其派专员乘军舰前往西沙群岛实地调查。不过，此事的推进最终因北伐战争及国民革命军总司令部表示无舰可派，被耽搁下来。至1927年6月，商人冯英彪呈请实业厅专办西沙群岛各岛鸟粪，实业厅依照现有各种事由复提撤销何瑞年原案，其中最主要的原因是"何瑞年等组设之实业公司，承办西沙各岛矿产垦殖渔业事项，数年之久，毫无成绩。其主要所办挖取含有磷质鸟粪一项，亦称并未采取，希图免缴矿税"①。随即，广东省政府委员会对此提议给出批复，循例由政治会议广东分会进行调查。此次调查的特殊之处在于，政治分会充分重视中山大学农科系主任郑松龄的议程——"对于冯商之承办疑日人暗中之侵略"②。由此可见，护卫西沙、保卫海权已经成为当时非常重要的执政要点，这无疑是长期以来斗争的结果。此议程更引起了广东省各界的重视，纷纷呈请彻查商人冯英彪之事。此事最终仍由实业厅负责查明呈核，这也就成为1928年形成《实业厅三次撤销何商再拟批准冯商之呈请与省政府早日派员派艇之议决》的原因。至此，撤销何瑞年实业公司原案事宜终于尘埃落定。1928年中山大学负责调查西沙群岛事宜，经历重新披商承办后，1932年西沙群岛的开发被正式纳入广东省"三年建设计划"，正式收回西沙群岛经营权。

二、五四时期统战宣传工作的内容和特点

进入新民主主义革命时期，琼崖宣传工作在实践中逐渐实现了工、

---

① 陈天赐编：《西沙岛东沙岛成案汇编》，1928年，第78页。
② 陈天赐编：《西沙岛东沙岛成案汇编》，1928年，第81页。

农、学、青、商、妇的联合，积累了广泛的群众基础。宣传主题从爱国主义精神、革命思想逐渐聚焦于实事求是地改造琼崖实务，最终在早期中国共产党人的努力下掀起了琼崖学习和推广马克思主义理论的热潮，为琼崖大革命的到来和琼崖党组织的建立奠定了雄厚的思想基础和群众基础，也为琼崖大革命时期的统战宣传工作积累了宝贵经验。

（一）学生勇担重任成为宣传工作的主力军

1919 年五四运动爆发，揭开了中国新民主主义革命的序幕，琼籍学生郭钦光"以命醒民"，奏响了浩然正气的爱国主义长歌。以此为契机，为传播英雄事迹、宣传爱国主义精神，五四时期海南的革命宣传和统战工作如火如荼地展开。这一时期，学生承担了宣传重任，多形式多角度地宣扬爱国主义精神和反帝反封建的斗争思想，推动了海南学生运动走向组织化，海南群众运动走向联合化。

首先，学生自发承担宣传重任，团结民众掀起了声势浩大的爱国运动。

为声援五四爱国运动，1919 年 5 月 7 日，琼崖中学、琼山中学、华美中学、匹瑾女子中学等校学生在琼崖中学举行集会，会上公开宣读北京学生联合会通电，并决定通过罢课游行的方式揭露北洋军阀的卖国行径。8 日，游行的队伍向海口进发，一路高呼"外争主权，内惩国贼！""打倒日本帝国主义！""誓死收回青岛！""惩办卖国贼曹汝霖、陆宗舆、章宗祥！""废除亡国的二十一条！"[1] 等口号，向民众揭露北洋军阀的罪行，激发民众的爱国热情。

---

① 中共海南省委党史研究室编著：《红旗不倒——中共琼崖地方史》，中共党史出版社 1995 年版，第 22 页。

与此同时，爱国学生自发组织宣传队，以海口人流密集的十字街口为宣传据点，通过演讲或演说的方式向民众进行爱国宣传，并将宣传工作深入附近村庄，扩大宣传范围和宣传对象，团结民众声援北京学生的爱国运动。

其次，琼崖学联成为宣传工作的核心组织，以宣传郭钦光事迹为核心内容，将爱国主义思想在琼崖民众心间落地生根。

1919 年 5 月 7 日，抱病参加游行的海南籍学生郭钦光去世。随后，其去世消息和生前事迹被广泛传播，全国各地纷纷举行追悼大会。1918 年中国留日学生救国团创办的《救国日报》于 1919 年 5 月 11 日发表《吊北京大学郭钦光君》一文，倡言"诛国贼而挽主权，以竟郭君未竟之志，且为之复仇焉，是则吾侪后死者之责矣，不知我全国有为之青年，闻郭君之死，亦知感奋而思继起者否"，呼吁青年继承郭钦光遗志，奋起抵抗帝国主义侵略，为护卫主权而战。随后，"5 月 12 日天津学生数万人，18 日北京学生 5000 人，24 日济南学生数万人，26 日广东各高校学生，31 日上海学生三万人，均先后举行追悼会"①。

噩耗传至海南时，海南学生运动已成立了自己的领导组织。1919 年 5 月 18 日，海府地区和各县中学代表在琼崖中学召开全琼学生代表大会，琼山、文昌、定安、澄迈、临高、儋县、琼东、乐会、万宁、崖县、陵水、感恩、昌江 13 个县成立琼崖十三属学生联合会。大会选举钟衍林为学联会理事长，王文明、杨善集、陈垂斌、罗文淹、符传范等人为常务理事。罗文淹在《海南岛初期人民革命史资料》回忆录中写道："理事会下设总务、宣传、组织、纠察等部，部长由各常务理事分

---

① 韩信夫、姜克夫主编：《中华民国史·大事记》第 4 卷，中华书局 2011 年版，第 1085 页。

别兼任。"至此，琼崖学联成为海南学生运动的核心领导组织，并接受北京学联领导。5 月 20 日，琼崖学联组织海府地区 1000 余名学生举行集会追悼郭钦光，与会学生群情愤慨，痛陈帝国主义和北洋军阀的卑劣行径。会后，学联组织学生在海口举行游行示威，高呼"打倒日本帝国主义!""惩办卖国贼!""抵制日货!""为死难烈士报仇!"等口号，将郭钦光的英雄事迹、帝国主义侵略暴行、北洋军阀及其走狗的卖国行径向海南民众传播，不仅为海南学生运动起到示范作用，而且以"抵制日货"号召群众投身具体的反帝运动中。

此后，文昌、乐会、琼东、万宁、澄迈等地纷纷成立琼崖学联下辖的分会，有组织有计划地开展学生运动，声援北京，同时继续开展纪念郭钦光活动。郭钦光的家乡文昌县各界首先在文城、罗峰高小举行郭钦光追悼会，随后，又在琼东、乐会和嘉积举行追悼会。琼州革命先驱杨善集和王文明等人携北大校长蔡元培题写的悼词"疾风劲草"，前往文昌，凭吊这位爱国志士。吴发凤还以郭钦光的事迹为题材，创作了琼剧《爱国学生郭钦光》，并进行公演，宣扬爱国主义精神和反帝反封建的斗争思想。据罗文淹回忆："为了扩大反日爱国运动，学联会在暑假期间派出大批宣传队深入到各县去宣传。从此轰轰烈烈的爱国主义，就深入到农村中去生根了。"

（二）从抵制日货运动看宣传工作对琼崖各界联合抗日的推动作用

抵制日货运动是琼崖学联成立前后学生运动的工作重心。据罗文淹回忆：五四运动时期，他正在府城华美中学第三年级念书，学生们一面发动募捐支持北京同学的英勇斗争，一面进行宣传，组织琼崖十三属学生联合会，号召海南各地学生团结起来，参加这个反帝爱国运动。这个反帝爱国运动便是指抵制日货运动，这一运动从 1919 年 5 月初一直持续到 6 月底。运动初期，"学生会组织几十人的宣传检查部，负责检查日货，没收后集中到海口市'大庙'里实行焚毁。并限令各商店以后不得再进口日货，否则没收焚毁外，还要严厉重罚店主"。在这一过程中，学生特别重视宣传工作。例如，在与军警进行接洽时，学联会向他们宣传此次抵制日货运动的目的，分析时局和时政，晓以大义，请他们站在民族尊严和立场上不要干涉学生的爱国运动。最终，宣传工作呈现以下效果：那些大商人去请军警来干涉学生运动时，军警们均以"学生的爱国运动我们不能干涉"为理由加以拒绝。随后，抵制日货运动取得了阶段性成果：将检查没收的日货于 1919 年 5 月 14 日在"大庙"烧毁，有效地推动了海南岛内抵制日货运动的大规模展开。至 1920 年底，日货在海南几乎绝迹。

由此可以看出，五四运动时期，海南民众民族意识迅速觉醒，积极融入反帝反封建的革命浪潮中，显示出人民群众联合斗争的伟大力量。此时期学联的宣传工作无疑起到了重要的团结和教育作用，主要呈现如下特点。

一是有组织有计划地进行深入宣传，举起反帝国主义大旗。据《红旗不倒——中共琼崖地方史》记载："在琼崖学联的统一组织下，成立了抵制日货总会，琼崖学联负责人王文明兼任会长，杨善集兼任宣传队长，开展抵制日货活动。"① 同时，专门成立了宣传队，向广大民众进行抵制日货的宣传，宣传对象包括学生、工人、爱国商人、店员甚

---

① 中共海南省委党史研究室编著：《红旗不倒——中共琼崖地方史》，中共党史出版社 1995 年版，第 23 页。

至军警在内的广大民众。宣传方式主要有罢课、罢工、罢市、游行等，直接向广大民众呼吁联合起来抵制日货，提出"买卖日货是冷血动物"的口号，并贴出"反对帝国主义"的标语，举起反帝国主义大旗。

二是将宣传工作与实际斗争相结合，在斗争中宣传，在宣传中斗争。学生组织的宣传队、纠察队和检查队，真正做到了宣传到哪里斗争就到哪里，在斗争中宣传，在宣传中斗争。例如，对抵制检查登记日货的海口中兴商店、厚生批发商店老板，学生纠察队在他们的头上贴上"奸商""亡国奴"大字，游街示众；逼迫天元堂大药店老板明确表示"今后不再代理日本船务，不做日本帝国主义走狗"；对于私存日货的文昌县商会会长林海桥，学生宣传队编出儿歌"冷血动物林海桥，分散日货逃不了"；捆绑嘉积镇恒裕昌、顺昌隆、新富南三家商店老板游街，批判其"只图蝇头小利，忘记亡国大恨"的错误，当众焚毁其私藏的日货。

琼崖学联经此一役，积累了宝贵的宣传和斗争经验，在抵制日货运动结束后，成为海南传播新文化和新思想的重要组织力量。

（三）破除封建落后思想，推动海南民众民族意识普遍觉醒

近代以后，海南遭受帝国主义和封建主义的双重压迫，老百姓民不聊生。正如《琼崖革命同志大同盟成立宣言》所描述的："受数千年专治淫威之浸润，产业幼稚，文化落后的琼崖，其宗法社会所产生的传统的习惯、消极的思想……均给封建制度所孳乳下的割据式军阀以延长其命运的最好机会。"[①]

---

① 《琼崖革命同志大同盟成立宣言》（1925 年 4 月 7 日），中共海南省委党史研究室编：《琼崖大革命史料选编》，1994 年，第 272 页。

　　五四运动前，进步的琼崖青年受新文化运动的影响，意识到封建礼教和封建文化对民众思想的束缚。五四运动后，在琼崖学联的领导下，学生运动业已积累了丰富的斗争经验，相应地，引领海南新文化运动的发展成为当时学生运动的工作重点。

　　此时期，对于海南民众的宣传集中在：男女读书机会平等，反对媒妁婚姻、宣扬自由恋爱，反对迷信，反对文言文、推行白话文等。所有这些，都成为后来《琼崖旬报》同人宣传和推进琼崖社会进行改造的重要内容。例如，《〈琼崖旬报〉改造宣言》一文强调："对于社会方面：反对一切非人道的、不平等的、陈腐的、虚伪的、妄诞的风俗、习惯、礼教、道德、伦理，指出真正的人生的道路。"① 据早期共产党员郭儒灏回忆："当时，我在琼东县城读书。……同大陆一样，海南的学生爱国运动很快也发展为新文化运动。在俄国十月革命及中国共产党成立的影响下，知识分子的政治觉悟大大提高，从而推动了新文化运动的深入发展，加快了马列主义的传播。"②

　　由此可见，琼崖新文化运动不断发展并影响深远。这一时期宣传活动的主题集中于"反对八股、文言文，提倡白话文，废除私塾，兴办新制学校，提倡科学民主，破除封建迷信，批判封建道德，主张婚姻自由、男女平等"；组织、实施宣传活动的主要是"学生及青年小学教师"，他们利用寒、暑假深入农村开展宣传；宣传方式和对象包括"创办夜校和中午上课的平民学校，义务教育工农青年识字，学习科学文化

---

① 本报同人：《〈琼崖旬报〉改造宣言》（1922年7月27日），中共海南省委党史研究室编：《琼崖大革命史料选编》，1994年，第21页。

② 郭儒灏：《"五四"运动前后的海南青年运动》，《琼岛星火》1983年第10期。

知识"①。

此时期，戏剧演出也成为推动新思想、新文化传播的重要方式。

在琼崖学生联合会的学生领袖王文明、杨善集、钟衍林等人的组织下，海口、府城、文昌、琼东、万宁等地的青年学生自发地采取白话剧等新形式开展宣传工作，先后出现了：琼东县学生撰写破除迷信的白话剧《伤财谷》，海口市学生编演讽刺封建士绅反对新学潮的白话剧《军阀家丑》，文昌中学生吴克寰、张明凯组织学生话剧团、编演宣传送子上学堂的海南话剧《教子强卖田》和《社会第一钟声》。② 一时间，破除封建迷信、宣传新式思想和爱国主义思想成为宣传主题，为马克思主义在琼岛大地的宣传和传播奠定了基础。

与此同时，早期中国共产党人非常重视发掘琼剧对新思想、新文化的宣传作用。同早期中国共产党人徐成章、王器民一起发起改良琼剧并承担主要工作的，还有吴发凤。据郭儒灏回忆："1922 年徐成章、王器民等人在海口出版《琼崖旬报》，创办'平民阅报社'，并设立'改良琼剧社'，编演《蔡锷出京》《女英雄秋瑾》《破除旧礼教》《郭钦光烈士》《大义灭亲》《林格兰》等新剧本，组织学生剧团到乡镇演出，我也参加演出过多场，大受群众欢迎。"③ 早期中国共产党人充分意识到琼剧的宣传作用，琼剧创作者和表演者也表现出了极大的爱国热情，积极参与爱国斗争。在双方合力推动下，琼剧文化成为反对封建文化、殖民文化的重要力量。

---

① 郭儒灏：《"五四"运动前后的海南青年运动》，《琼岛星火》1983 年第 10 期。
② 何名楃：《海南乡土剧圣吴发凤》，《琼台学刊》2009 年第 1 期。
③ 郭儒灏：《"五四"运动前后的海南青年运动》，《琼岛星火》1983 年第 10 期。

（四）以《琼崖旬报》为阵地对琼崖本土实际问题进行报道

1920 年，以唤醒琼崖民众智识为己任的徐成章、王器民等人发起筹办《琼崖旬报》，1921 年 4 月 7 日出版创刊号，同年成立琼崖旬报社，这里成为海南宣传新思想、新文化的主要阵地。徐成章在《〈琼崖旬报〉创办之经过》一文中曾对当时琼崖民众觉醒和开化的程度进行描述："我们生长琼崖，瞧着琼崖人民程度之低下，智识之浅薄，没有相当的言论机关来指导，使他们醉生梦死，都不知岛外的情形怎么样。所以稍明近来世界大势的人，莫不为琼崖前途抱悲观，我们也有见及此。"[1]

至此，报刊宣传成为引领琼崖民众思想觉醒和进行革命斗争的重要方式。诚如《〈琼崖旬报〉改造宣言》一文所言："我们因当前的环境和过去的经验底指示，我们更加明瞭要用怎样有效的宣传方法，才比较容易地能够引导琼崖人民向幸福的路上去。"[2] 因此，通过有效的宣传引导琼崖人民奔向幸福，成为《琼崖旬报》办报的根本宗旨。

为什么要寻找有效的宣传方法呢?《〈琼崖旬报〉改造宣言》指出："我们从前过于用了超越的眼光看琼崖，所以时常将国际的问题，以及琼崖人民尚十分隔膜的国内的新问题做前提，向琼崖人民说话。现在我们知道，这是一时无效的工作。"[3] 过去宣传工作的误区在于，着眼于"用了超越的眼光看琼崖"，关注国内国际新问题而忽视了琼崖人民的

---

[1]　徐成章：《〈琼崖旬报〉创办之经过》（1922 年 4 月），中共海南省委党史研究室编：《琼崖大革命史料选编》，1994 年，第 3 页。

[2]　本报同人：《〈琼崖旬报〉改造宣言》（1922 年 7 月 27 日），中共海南省委党史研究室编：《琼崖大革命史料选编》，1994 年，第 20 页。

[3]　本报同人：《〈琼崖旬报〉改造宣言》（1922 年 7 月 27 日），中共海南省委党史研究室编：《琼崖大革命史料选编》，1994 年，第 20 页。

思想实际。因此，《琼崖旬报》同人要终止这种无效宣传。

什么才是有效的宣传方法呢？《琼崖旬报》同人认为："我们还应当有种过渡的宣传工作，还应当使琼崖人民有了普通的了解和知识，才可以使他们明瞭国际的和国内的新问题。这是本报改造底第一目的。"[1]由此可知，《琼崖旬报》同人推进的有效的宣传方法是，开展过渡的宣传工作，关注琼崖人民对本土问题的认知和理解，在此基础上引导琼崖民众关注国内国际新问题。

实际上，《琼崖旬报》的宣传工作在经历了一年的实践探索之后，确立了其宣传斗争的目标："本报始终以改造琼崖为帜志。凡有益于我琼者，竭力宣扬之、提倡之；有损于我琼者，极力抨击之、声讨之。内而腐儒污吏，外而资本侵略（如汉奸何瑞年勾引外人侵占西沙群岛），本报所视为应当努力攻击者。"[2]《琼崖旬报》将宣传斗争工作的落脚点集中于琼崖实务改造之上，其中教育改造成为其宣传的重中之重。

首先，直陈琼崖教育现状，揭露当前教育存在的问题。

关于琼崖基础教育现状的调查，首先来源于李实（笔者注：《琼崖旬报》特请李实主持编辑事务）及其同人的实际调研。1922 年 7 月 22日，李实在《琼崖旬报》发表对 6 所小学的调研简报，即《参观府城及海口各小学以后》，报告直言调研初始的目的："余在未到琼州以前，曾得友人函，说起此地的教育如何发达，如何有希望。我就立意到琼后务必努力去考察一番，以其结果，报告于全国教育界，使他们知道中国

---

① 本报同人：《〈琼崖旬报〉改造宣言》（1922 年 7 月 27 日），中共海南省委党史研究室编：《琼崖大革命史料选编》，1994 年，第 20 页。

② 王器民：《〈琼崖旬报〉周年纪念之回溯及将来之希望》（1922 年 7 月 27 日），中共海南省委党史研究室编：《琼崖大革命史料选编》，1994 年，第 22 页。

的极南，尚有一个蕴藏极富而未开辟的，世外桃源。"① 李实先后考察了海口第一区第一高小第五国民学校（两校合办）、第二国民学校、县立女子第一高小、县立第一高小、第十二国民学校、海口崇本国民学校6所小学，除最后一所学校"校舍很整洁，学生颇有活泼气象，不似其他国民学校学生，走出来，仿佛像蜡人一般（因拘束太甚）"②，其他学校或拒绝参观、拒绝访谈，或静默相对、无所事事，或教员缺席，就教员上课的教法而言，主要采取大声宣讲或抄写课文、授课书的方式进行教学。上述情况，使李实对海南的基础教育得出"甚是失望"的结论，寄希望于坚持不懈地整顿教育。

此调查引起《琼崖旬报》同人的重视。在《改造琼崖计划》一文中，《琼崖旬报》对海南当前教育现状做了更加深刻的分析："教育为文明发生之基础，人类生存之原料，而增进吾人之幸福也。故教育诚为今日不可缺少之物。然回试想吾琼崖今日之教育，可谓为普及乎？可谓为发达乎？可谓为文明发生之基础乎？可谓为人类生存之原料乎？吾以敢一字蔽之，曰，否。"③ 之所以否定琼崖的教育，是基于琼崖当前的教育现状而言："盖吾琼崖有中学及师范数间，高小学数百间。其科学之不完备，教授之不得法，校风之腐败"④，除此之外，琼崖教育界所

---

① 李实：《参观府城及海口各小学以后》（1922 年 7 月 2 日），中共海南省委党史研究室编：《琼崖大革命史料选编》，1994 年，第 17 页。

② 李实：《参观府城及海口各小学以后》（1922 年 7 月 2 日），中共海南省委党史研究室编：《琼崖大革命史料选编》，1994 年，第 19 页。

③ 《改造琼崖计划》（1922 年 7 月 27 日），中共海南省委党史研究室编：《琼崖大革命史料选编》，1994 年，第 28 页。

④ 《改造琼崖计划》（1922 年 7 月 27 日），中共海南省委党史研究室编：《琼崖大革命史料选编》，1994 年，第 28 页。

培养的各级毕业生不知"何谓世界新潮流",甚至"不能写通畅之家信,阅普通之报纸,且不能记草帐者,亦有人在"①。进而引发了教育界广泛关注,"欲琼崖民智之开通,以改造吾琼崖,殆犹掌破船以涉巨川,望其有济,不亦甚难哉!"② 因此,琼崖之改造尤以教育为先。

其次,将改造海南教育作为《琼崖旬报》宣传工作的重点。

鉴于上述调查结论,《琼崖旬报》同人将推进海南教育改革作为《琼崖旬报》宣传的重点。例如,在《〈琼崖旬报〉改造宣言》一文中强调:"要改造琼崖,非创办大规模的实业和教育,不容易有效。"将创办实业和改革教育作为改造琼崖的重要着力点,并且还提出了具体的目标,其中关于教育改造的目标是:要做到"努力攻击旧式的、绅士的、呆笨的和现代生活相背的教育。介绍最新的、实际的、活动的、适合现代化生活的教育方法。在提倡职业教育和改造思想两方面,同时并重"③。

再次,提出改造琼崖教育的具体实施计划。

为实现上述改造教育目标,特发表《改造琼崖计划》一文,对如何改造琼崖教育进行了详细论述。其要点和关键如下:一是宜设农业及职业学校。具体做法是将现有的高等小学三四间或五六间进行合并,办农业工商职业学校;在现有之中学内分设农工商各科;设立通俗义务学校。二是使女子接受教育。三是设立教育总会,学习新思潮和新学说。四是设立图书馆。五是设立黎民学校,以启民智。六是设立水产学校以

---

① 《改造琼崖计划》(1922 年 7 月 27 日),中共海南省委党史研究室编:《琼崖大革命史料选编》,1994 年,第 29 页。

② 《改造琼崖计划》(1922 年 7 月 27 日),中共海南省委党史研究室编:《琼崖大革命史料选编》,1994 年,第 29 页。

③ 本报同人:《〈琼崖旬报〉改造宣言》(1922 年 7 月 27 日),中共海南省委党史研究室编:《琼崖大革命史料选编》,1994 年,第 21 页。

合琼崖四面皆海的实际需求。除此之外，紧跟新思想、新文化，对具体的教育方法也提出了相应改造目标。同时，重视日常宣传工作。例如，设立日报官，使其为国民向导；启动通俗演讲，旨在教民以善；推进国语教学，统一的语言利于思想文化的传播；等等。此后，宣传改造教育的成果、典型事迹、杰出人物便成了《琼崖旬报》宣传工作的核心内容。

当然，《琼崖旬报》关注的对琼崖实务的改造不唯有教育，还包括社会方面"反对一切非人道的、不平等的、陈腐的、虚伪的、妄诞的风俗、习惯、礼教、道德、伦理，指出真正的人生道路"；实业方面"希望本岛的人民和南洋的侨胞以最新的方法开发琼崖的农工事业，而在交通上，尤希望他们以全力建筑广大的公路，同兴办本岛和广州和南洋各埠的航务"；政治方面"希望本岛人民和南洋侨胞，对于改造琼崖政治，有相当的动作和帮助"；调查方面"凡关于琼崖社会最下一层的人民底生活状况，各地奇怪的风俗习惯，各地出产的状况，以及南洋侨胞底生活实业，特别欢迎登载"。① 上述琼崖实务改造的内容，实业方面和政治方面因军阀对琼崖的黑暗统治无法立即显现成效，社会方面的改造则一直是五四运动以来琼崖宣传工作的重点，而调查方面尤其关注底层百姓和南洋侨胞的生活和实业，这无疑体现了在宣传中求联合，在联合中求统一的统战宣传工作的重心。

（五）琼崖早期中国共产党人和党组织成为宣传马克思主义的主力军

中国共产党自成立之日起，就非常重视琼崖党组织的建设和宣传工

---

① 本报同人：《〈琼崖旬报〉改造宣言》（1922 年 7 月 27 日），中共海南省委党史研究室编：《琼崖大革命史料选编》，1994 年，第 21 页。

作。1921 年底至 1922 年初，党中央曾先后派遣共产党员和革命分子如罗汉、鲁易、李实、吴明等来琼宣传马列主义，介绍中国共产党的革命主张，并将工作重点放在宣传和教育青年之上，为琼崖培养了大批革命骨干。

据《红旗不倒——中央琼崖地方史》记载："马克思主义在琼崖的传播是从 1921 年冬和 1922 年初，中共中央先后派中共早期党员、团员吴明、罗汉、鲁易、李实等人到琼进行革命活动后开展起来的。他们到琼后，在琼山、海口、琼东等地学校以教书掩护地下工作，很快同已在琼崖的中共早期党员毛孟屏和琼崖的先进分子徐成章、徐天柄、王器民、王大鹏等人结合起来，打开了工作局面。"① 这些琼崖的先进分子率先接受了马克思主义思想，成为琼崖早期党组织的重要力量源泉。1922 年秋，经吴明请示、中共中央同意，吸收罗汉、鲁易、王文明、徐成章、徐天柄、严凤仪、王器民、王大鹏等十多名先进分子加入中国共产党，他们成为琼崖早期革命斗争的中流砥柱。

这一时期，早期中国共产党人的宣传工作主要表现在以下几个方面。

一是举办书报巡回阅览社，把革命书刊送到广大人民群众中去。如前文所述，此时期进步学生和爱国华侨将载有马克思主义思想的期刊和书籍传入琼岛，而琼岛内的先进分子在学习进步思想的同时积极努力地向琼崖民众宣传，所采用的常见的宣传方式是举办巡回阅览社，即将《新青年》《每周评论》《少年中国》《马克思全书》《广东中华新报》《广东群报》《共产党宣言》《琼崖旬报》《琼岛日报》等革命书刊送到

---

① 中共海南省委党史研究室编著：《红旗不倒——中共琼崖地方史》，中共党史出版社 1995 年版，第 26 页。

广大群众中去。此外，王大鹏等在琼东县嘉积镇建立文化书局，李济川、李家光等也开办平民书店，这些书店成为宣传马克思主义思想和新文化的重要阵地。

二是建立各类组织和机构，宣传马克思主义思想。1922 年，早期中国共产党人鲁易、罗汉、李实、徐成章、徐天柄等在海口建立了社会主义青年团琼崖分团，在琼崖学联和琼崖青年互助社中积极开展活动，向青年传播马克思主义思想。同时，鲁易、徐成章等改组海口工人互助组为琼崖总工会，通过开办工人夜校等方式，向工人传播马克思主义思想。在他们的影响和带动下，党员、团员通过学联和青年互助社，发动广大青年学生组成宣传队，采取兴办夜校和平民学校的方式，向广大群众宣传革命理论和科学文化知识，有力破除了封建迷信对老百姓的束缚。

三是通过推广图书和发行报刊，传播新思想和新文化，并为早期琼崖党组织的建立集聚了大批先进分子。五四运动后，琼崖出现了学习和宣传马克思主义思想的浪潮，主要宣传方式是书籍和报刊。这些进步书籍和报刊的传播不仅有利于新思想、新文化的传播，更重要的是对马克思主义思想的传播起到积极作用。其最直接的影响便是推动进步的琼崖青年开始想方设法地将进步思想以更加通俗的方式，在琼崖大地上传播和宣传。1920 年，徐成章联合林干诚复办《琼崖日报》，联合王器民等人筹办《琼崖旬报》，联合冯平、符节等出版《新琼岛报》。1921 年 4 月，《琼崖旬报》正式出版，其主要内容包括介绍新潮流的文化、马克思的《资本论》和欧洲社会主义学说，鼓励革命，反对封建，反对土豪欺凌贫苦百姓，宣传破除迷信，提倡男女平等、婚姻自由等进步思想。《琼崖旬报》在办刊近三年的时间里，对新思想、新文化尤其是马克思主义思想在群众中的传播产生了积极作用。

徐成章在追溯《琼崖旬报》创办经过时，曾特别鸣谢："又本报能坚持到今，都得各处热心同志帮忙，其帮忙招股成绩最优者，当推崖县陈英才君，槟城庄春华君、吴受天君，林明君、潘黑铁君、许汉雄君、杨善甫君等。暹罗冯友轩君，对于本报，也非常力予赞助。还有各埠的侨胞，热心为本报收股者，不能尽数。"① 其中，陈英才是崖县党组织的筹建者和创始人，也是《琼崖旬报》的首要赞助人。

在军阀邓本殷的压制和破坏下，琼岛马克思主义宣传工作遭受重创。然而，已经经受五四运动洗礼和初步接受马克思主义思想熏陶的琼岛进步青年，或留守琼岛，或奔赴北京、上海和广州等地继续求学，使他们有机会更深入地学习马克思主义思想，坚定革命理想和信念，成为宣传马克思主义思想的主力军。

这些青年"在俄国十月革命和中国共产党诞生的政治影响下，强烈要求进步，积极参加各种革命活动，不少人加入了中国共产党和社会主义青年团。他们对家乡的革命运动也十分关心，并怀着改造琼崖、拯救国家的愿望，在外地创办各种报刊，不断寄回海南，向青年学生和人民大众传递革命信息，宣传革命理论，探索救国救乡之路"②。例如，1922 年琼崖旅穗青年组织广东琼声周报社出版《琼声周刊》，琼崖留沪学生会出版《海南潮》《琼崖旅沪学生会月刊》《南语》，琼崖旅宁同学会出版《琼崖新声》等期刊，宣传民主科学，提倡新文化、新道

---

① 本报同人：《〈琼崖旬报〉改造宣言》（1922 年 7 月 27 日），中共海南省委党史研究室编：《琼崖大革命史料选编》，1994 年，第 21 页。

② 海南省地方史志办公室：《海南省志·报业志》，南海出版公司 1997 年版，第 17 页。

德，宣传革命思想，讨论琼崖社会改造等问题，这些期刊成为此时琼崖文化宣传事业的主力军，对海南的新文化运动深入发展起到很大的推动作用。

尽管 1923 年至 1924 年是琼崖出版宣传工作遭到压制的一年，但文化运动勃兴已成大势。此时期，传入琼岛大地的包括《新青年》《每周评论》等进步刊物。1923 年，乐会县自治研究会出版《良心月刊》，以杨善集、徐成章、周士第等为代表的旅穗学生出版《觉觉》《新琼崖评论》；1924 年，以王文明、黄昌炜、陈垂斌、罗文淹、郭儒灏等为代表的旅沪学生出版《琼崖新青年》，以莫孔融、柯嘉予为代表的旅京学生出版《琼岛魂》；至 1925 年，广州新琼崖评论社、上海琼崖新青年社和北京琼岛魂社联合发起"琼崖革命同志大同盟"，并出版《琼崖革命大同盟盟刊》，这标志着琼崖宣传事业走向联合统一，为建立琼崖革命统一战线集聚了统战宣传的媒介和人才。

三、五四时期统战宣传工作的经验总结

经历了五四时期的探索和实践，琼崖的统战和宣传工作逐渐发展起来，两者日益紧密结合，为日后琼崖大地的统战宣传工作奠定了坚实基础。

（一）在何瑞年原案斗争中统战宣传工作走向联合

何瑞年与日寇勾结，以兴办实业的方式盗掘西沙群岛资源，严重侵害了我国的海洋权益。对于海南民众而言，可以说较早地进行了反帝反侵略斗争。与此同时，海南早期的抗日宣传和统战工作也发端于此，并呈现出鲜明的时代特点。

首先，宣传工作和统战工作密切结合，开启了由自发走向统一联合的斗争之路。1919 年五四运动以来，海南民众逐渐觉醒，反帝反封建的斗争思想也开始在琼岛大地上传播，成为海南日后斗争的动力之源。然而，不可否认的是，交通闭塞、资讯不发达和民众普遍未开化仍然是海南早期革命亟待克服的重要问题。日本从 1915 年开始便试图联合中国商人在西沙办厂开矿，此后又进行数次探查，但均未引起广东省属和海南民众的重视。直至 1922 年 2 月，崖县公民大会执行委员陈明华协同琼崖西沙群岛实业公司经理陈介叔前往西沙群岛进行勘测，才发现日本在西沙群岛的盗掘活动已成规模。这便决定了在西沙群岛保卫战中，必然要以扩大宣传为斗争武器。

率先举起宣传大旗的是崖县单级师范学生，他们自发成立崖县勘测西沙群岛委员会，将前期的宣传工作建立在实践调研的基础上。在陈明华和崖县爱国学生、爱国商人林缵统、琼剧名伶吴发凤等诸多爱国人士的共同努力下，通过组织调研、推动联合、建言揭发等方式，一举揭露了日本侵占西沙群岛资源的图谋。

一石激起千层浪，日本图谋的暴露坚定了琼岛儿女护卫西沙的斗争决心。此时的宣传工作迅速推进，参与主体从学生扩展到名伶、学者、政要等，参与团体从商界扩展到教育界、戏剧界、政治团体、民间社团等各类组织。据资料记载，当时提出抗议和质询的各界团体、组织有 30 多个。宣传方式也越发灵活多样，如商谈、演讲和集会等，对扩大宣传效果起到至关重要的作用。此外，聚焦于斗争取得胜利的关键环节，集结爱国议员正式向省属提出撤销议案的决定。由此可见，在爱国情感的驱动之下，海南民众逐渐走向联合，坚持宣传和斗争，这也是这场旷日持久的反侵略斗争取得胜利的重要保证。

其次，爱国人士和青年学生在宣传工作上起到先锋作用，有力推动了社会各界的广泛联合。从1922年崖县单级师范学生成立崖县勘测西沙群岛委员会开始，以"琼崖公民代表"的名义发表《琼崖公民对西沙群岛沦亡宣言书》，并附以《崖县勘测西沙群岛委员会报告》，将日本企图占领西沙群岛、窃取资源的图谋公之于众。以实际调研为依据，据理力争，成为此时宣传工作最坚实的基础。

在民族大义面前，爱国学生始终走在斗争前列，并形成相应的领导组织，如琼东县第二高等小学在校学生联合会、乐会县学生联合会等。这些组织扩大了爱国学生联合斗争的规模，并使其后的学生运动组织化、规模化。

再次，在扩大宣传层面，琼崖爱国人士自发采用既有效又让百姓喜闻乐见的方式全面铺开宣传工作，有效推动了社会各界的广泛联合。自日本图谋西沙群岛的事实暴露后，林缵统试图联合乡绅、商贾群体开发西沙群岛来保家卫国。随后，在争取民族权益的斗争中屡见爱国商人和爱国华侨的身影，如中国国民党琼侨联合会筹办处、香港琼崖商会、越南琼崖侨商海口琼侨联合会等。在民族大义面前，爱国成为凝聚琼岛民众最坚定的情感基础，爱国商团走向联合，积极为西沙群岛开发献计献策。

最后，琼剧名伶以百姓喜闻乐见的方式将宣传工作全面铺开，为西沙保卫战积聚了广泛的群众基础。针对日本侵占西沙群岛事件，吴发凤创作了《西沙惨剧》剧本，并联合当时的琼剧名伶进行巡演。《西沙惨剧》的主题历久弥新，在琼剧《西沙情》中仍然将此时期日本侵占西沙群岛、琼崖民众奋起抵抗作为重要的故事背景和演出内容。琼剧成为此时期有效揭露日本图谋的一把宣传利器。

（二）五四时期统战宣传工作的主旨在于建立联合战线

为了宣传爱国主义精神，揭露军阀的黑暗统治和帝国主义加紧侵略的事实，此时期宣传工作的核心是通过有组织有计划的宣传工作实现琼崖民众的广泛联合，筑成保护琼崖、改造琼崖和建设琼崖的联合战线。

首先，在斗争中宣传，在宣传中斗争，促成琼崖民众的真正联合。此时期，琼崖进步青年积极参与声援五四运动、纪念郭钦光、抵制日货等爱国斗争，寓宣传于斗争中，使得宣传工作发端于实际，扎根于现实，蓬勃于民众间。为有效推动爱国运动，琼崖各校学生联合起来成立琼崖十三属学生联合会，开启了有组织有计划的宣传工作，通过举行罢课、游行、集会、演讲、发放宣传单、琼剧表演、开办平民学校等方式进行深入宣传，达到以宣传促进斗争的目的。宣传工作成效日益显现，爱国主义精神伴随着各类斗争深入农村并扎根于农村，促成琼崖民众的广泛联合，实现了宣传和统战工作的密切结合。

其次，推动琼崖民众的普遍觉醒，筑成以改造琼崖为目的的联合战线。此时期的宣传工作充分关注琼崖革命的实际需求，展现了求真务实的宝贵精神。什么才是改造琼崖的当务之急呢？在《琼崖改造计划》一文中如此强调："琼崖之不能扩充改造，非由于生机之困难，人民之穷苦，亦非由官吏之压制，亦非责权宜操于官吏之手。其重大原因，即以民智未开，浑浑噩噩，獉獉狉狉，不能自动，而惟他人是望。"[①] 因

---

① 《改造琼崖计划》（1922年7月27日），中共海南省委党史研究室编：《琼崖大革命史料选编》，1994年，第28页。

此，促进琼崖民众的普遍觉醒便成为有识之士的共同认知，也成为宣传和统战工作的核心要义，而启民智、促觉醒的关键便是教育。此时期，最重要的宣传平台之一——《琼崖旬报》便以改造琼崖为宗旨，通过宣传琼崖教育改造的紧迫性和必要性，提升琼崖民众对于教育的重视程度，通过揭露琼崖的教育弊政来还原琼崖教育真相，通过发布有关改造琼崖教育的系列文章来宣传和推动琼崖的改造事业，以促成琼崖民众的普遍觉醒。

除此之外，为寻求有效的宣传媒介，真正达成促进民众觉醒的目的，早期中国共产党人以贴近琼崖百姓精神生活的琼剧作为宣传平台。采用喜闻乐见的方式，将琼剧与时代背景相结合，将琼剧内容与当前的斗争需要相结合，以润物细无声的方式增强琼崖民众对时政的认知，激发琼崖民众对国家和民族的热爱，凝聚琼崖民众保家卫国的斗争精神，促进琼崖民众的普遍觉醒，为琼崖革命积聚宝贵的精神力量。

（三）早期中国共产党人成为统战宣传工作的核心力量

五四时期的宣传工作既做到了在斗争中宣传，在宣传中走向联合，又注重宣传媒体和平台的搭建，而早期中国共产党人在各项工作中均承担了核心的领导工作。

在五四爱国运动中，王文明、杨善集、陈垂斌、罗文淹、钟衍林等琼崖学联的常务理事，主导了此时期琼崖的宣传工作和学生运动。但由于军阀邓本殷对爱国学生运动进行镇压，大批青年学生不得不离开琼崖，奔赴祖国各地学知识求真理，其间，纷纷确立了自己的政治信仰，加入中国共产党。

在之后的琼崖宣传工作中，早期中国共产党人成为主力，他们通过传播先进革命书刊、创建革命团体、组织宣传活动等方式将新思想和新理论传遍琼崖大地。在中国共产党的领导下，琼崖民众普遍觉醒，在革命斗争中走向联合，成为琼崖大革命时期革命统一战线建立的坚实基础。

值得注意的是，早期中国共产党人点燃革命火种，成为持续推动西沙抗日斗争的中坚力量。1922 年 4 月，在以"琼崖公民代表"的名义发表《琼崖公民对西沙群岛沦亡宣言书》的 24 名爱国学生中，陈世训、陈英才和黎茂萱于 1923 年至 1924 年在广东求学期间加入中国共产党，并被党组织派遣回海南崖县从事基层党组织的创建工作，于 1925 年至 1926 年间先后创立了崖县共产党小组、中共琼崖东南支部，负责指导崖县地区的农民运动。从这些早期中国共产党人的经历来看，在其回到崖县工作后，西沙抗日也必然成为他们在崖县斗争的工作重点。1926 年，这些早期中国共产党人联合国民党进步人士、进步团体持续推进西沙抗日斗争，再次提交《呈请迅将何瑞年承垦试办崖县东南群岛之案取消并予严重惩办》，言辞凿凿地揭露日本人占领西沙群岛并盗掘西沙资源的事实，推动此事持续发酵，直至收回西沙群岛的开发权和经营权。

综上所述，五四时期宣传和统战工作实践所积累的宝贵经验，引领着琼崖大革命时期统战宣传工作的进一步发展。这主要表现在以下几个方面：一是青年学生勇立时代潮头，始终承担着琼崖大革命时期统战宣传的主要工作；二是五四时期爱国主义精神和革命斗争思想的传播，成为琼崖大革命时期统战宣传工作持续推进的思想基础；三是觉醒的琼崖民众积极投身于保家卫国的斗争中，为琼崖大革命时期统战宣传工作提供了广泛的群众基础；四是在斗争中进行宣传、在宣传中走向联合、在联合中形成统一战线，成为革命统一战线建立的有效路径；五是琼崖大革命时期创办报刊成为重要的宣传方式，报刊成为宣传马克思主义、传播爱国主义精神、揭露军阀黑暗统治和推动琼崖大革命的重要平台；六是坚持中国共产党的领导，成为琼崖大革命时期统战宣传工作的根本保证。

第二章

《新琼崖评论》对统战宣传工作的创新

1923 年《琼崖旬报》被军阀邓本殷查禁停刊，与此同时，琼崖学联被迫解散，学生运动遭到重创，但进步学生对马克思主义真理和革命理想的追求不变，纷纷在北上求学的过程中自觉承担起宣传马克思主义和国民革命思想的重任。1924 年至 1925 年，琼籍进步青年创办的《新琼崖评论》成为统战宣传工作的主要阵地，开启了琼崖统战宣传工作的创新发展之路。

一、《新琼崖评论》的创刊背景和主旨

《新琼崖评论》的创刊正值国共合作的重要时期，因此其宣传主旨便是服务于蓬勃发展的大革命形势，服务于革命联合战线的建立，服务于马克思主义和革命斗争思想的传播。

（一）服务于蓬勃发展的大革命形势

1923 年 6 月，中国共产党第三次全国代表大会在广州召开，大会通过了《关于国民运动及国民党问题的决议案》，作出建立以国共合作为基础的革命统一战线的决定。同年 10 月，在苏俄、共产国际和中国共产党的帮助下，孙中山改组国民党。1924 年 1 月，中国国民党第一次全国代表大会在广州召开，会议通过了《中国国民党第一次全国代

表大会宣言》，正式确定了"联俄、联共、扶助农工"的三大政策，并确认了共产党员以个人身份加入国民党的原则。国民党一大标志着第一次国共合作正式形成，国民革命联合战线正式建立。

1924年，杨善集、徐成章、周士第等琼籍革命青年在广州成立琼崖革命同志会和新琼崖评论社，出版《新琼崖评论》半月刊，此时期的宣传统战工作便以此为媒介，随着大革命形势的日益高涨而轰轰烈烈地展开。

（二）服务于革命联合战线的建立

《新琼崖评论》第1期刊载了洪剑雄的文章《国民党改组与琼崖革命运动》，文章提出琼崖革命运动必须具备三个条件，分别是：

（一）须团结全国有真革命主义的分子，统一革命的口号，齐向反革命派施总攻击。（二）须联合全国被压迫的青年工人，农民，学生，都加入革命的战线。（三）要抱定革命的主义，平日息息不断的努力，使群众一言一动，都受我们的感化，齐呼出我们革命的主张。[①]

琼崖革命运动的关键就是要抱定革命信念，在真正的革命主义分子的带领下，明确统一的革命对象、确立统一的革命口号，推动被压迫的青年工人、农民和学生走向联合，建立联合的革命战线。

如何推动被压迫的青年工人、农民和学生加入革命联合战线呢？

---

① 洪剑雄：《国民党改组与琼崖革命运动》（1924年1月1日），中共海南省委党史研究室编：《琼崖大革命史料选编》，1994年，第54—55页。

在关于品学与政治的讨论中，杨善集针对陈骏业的观点"联络地方上一般优秀分子，出来反对政治，抵抗政治，专尽力于社会上事业，而为事业谋幸福"，提出鲜明的建议："所谓优秀分子'专尽力于社会上事业'，便是一种政治行为，不过我们稍有知识的人，应当跑入工人、农民、商人、官吏兵士里头去，使他们联合起来，觉悟起来，一齐做民众的革命运动；决不可自划鸿沟，自立为'优秀分子'的特殊阶级。"这明确地表明，包括学生和青年在内的"稍有知识的人"应该主动融入工人、农民、商人和官吏士兵群体中，尽全力促成各个阶级觉悟起来走向联合。

事实上，作为琼崖革命时期青年宣传机构的《新琼崖评论》，推动被压迫民众的大团结、大联合，与一切伪革命和反革命作斗争，便成为此时期其宣传工作的核心宗旨。

（三）服务于马克思主义和革命斗争思想的传播

《新琼崖评论》创刊于大革命时期，其社员除杨善集、徐成章、周士第、徐天柄、王文明等人之外，还包括洪剑雄等琼崖革命同志会成员。以杂志为依托，《新琼崖评论》表达了中国共产党人的革命思想和斗争精神，闪耀着马克思主义思想的光辉。

《新琼崖评论》的创刊目的是"对外打倒帝国主义，取消帝国主义列强在中国的特权，对内推翻封建军阀统治，解放中华民族等政治主张；观点鲜明地支持孙中山先生改组国民党，实行新的三民主义和联俄、联共、扶助农工三大政策"；同时，"以大量篇幅揭露、抨击军阀邓本殷在琼崖施行苛政，导致琼岛经济凋落、民不聊生的罪行，以唤起民众推翻反动的军阀统治"。①

综上所述，大革命时期，在高涨的革命氛围的推动下，琼籍爱国青年以《新琼崖评论》为阵地、以笔为枪，宣传十月革命、介绍马克思列宁主义、宣传新三民主义和联俄、联共、扶助农工三大政策，旨在唤起琼崖民众的爱国热情和斗争精神，让民众参与反帝反封建的革命斗争，推动全琼被压迫人民联合，建立革命联合战线。

二、《新琼崖评论》的性质和意义

《新琼崖评论》创刊之初便确立其作为青年的宣传机关的重要性质，也因此承担了此时期统战宣传工作的重要任务。此外，依据琼崖时政和革命形势，适时调整宣传重点，成为琼崖革命时期的舆论宣传向导，更是此时期琼崖统战宣传的中流砥柱。

（一）《新琼崖评论》是琼崖革命的青年的宣传机关

《〈新琼崖评论〉发刊辞》一文突出强调了《新琼崖评论》的性质是"我们琼崖革命的青年底宣传机关"。其创办的目的和意义在于："我们要将革命的潮水涌入琼崖，洗去琼崖人民底悲痛与耻辱，同时要将琼崖人民底惨状，显示在全国国民底目前，促成全国被压迫人民底大联合。我们要藉他作琼崖革命的号筒，呼其一班革命的群众。我们要藉他作武器，攻击一切伪革命的以及反革命的行动。"②

《新琼崖评论》立此宣传目的的原因是基于对中国民众尤其是琼崖

---

① 海南省地方史志办公室：《海南省志·报业志》，南海出版公司 1997 年版，第 19 页。
② 《〈新琼崖评论〉发刊辞》（1924 年 1 月 1 日），中共海南省委党史研究室编：《琼崖大革命史料选编》，1994 年，第 51 页。

民众的生活状态和社会现实的观察和思考，"中国国民匍匐在外国帝国侵略主义和中国军阀两重压迫之下，度'奋而不斗'的悲惨生活许久了"，这样的境遇推动大革命形势的到来，"中国国民革命，便是在这种重压之下的一条裂缝。这种重压愈大，革命的裂缝也愈阔，终至于会成一条革命的大道"①。然而，"琼崖人民是受重压最甚的一部分中国国民。琼崖是岛地，偏处一隅，交通阻塞，自从被反革命的军阀盘踞后，惨刑重税，敲剥不已，然而外面知道的人有几个呢？"② 面对这样的社会现实和悲惨境遇，琼崖民众如何突破这种闭塞和重压呢？这便促成了《新琼崖评论》宣传的核心内容：号召琼崖民众在重压下迅速打破"奋而不斗"状态，坚定反帝国主义和军阀的革命斗争意志，与全国被压迫人民联合，将斗争融入生活，在生活中不断反抗反革命的统治。

（二）《新琼崖评论》逐渐成为琼崖革命宣传工作的向导

在《新琼崖评论》创刊一周年之际，先进的知识分子发表了一系列相关文章，对《新琼崖评论》的宣传工作进行总结和评价：经过一年的发展，《新琼崖评论》逐渐成为琼崖革命的向导。

王文明在《〈新琼崖评论〉一周〔年〕纪念感言》中写道："近年来琼崖革命如火如荼，但革命的真正意义却不为民众所理解，有道是'军阀则利用革命以升官，土匪则利用革命以发财，得势者则藉革命以资保护，失势者则藉革命以谋报复，所以革命！'革命一被伪革命与反

①《〈新琼崖评论〉发刊辞》（1924年1月1日），中共海南省委党史研究室编：《琼崖大革命史料选编》，1994年，第51页。

②《〈新琼崖评论〉发刊辞》（1924年1月1日），中共海南省委党史研究室编：《琼崖大革命史料选编》，1994年，第51页。

革命所假借，便酿成无意义的斗争，弄出满地疮痍，不堪寓目。"① 这揭示了琼崖革命虽然表面呈现出蓬勃发展的态势，实际情况却是：革命被伪革命派或反革命以革命之名加以利用，使得革命成为满足私欲的毫无意义的斗争，流血牺牲造成的是毫无价值的满目疮痍，恰与当前全国大革命局势背道而驰。

为挽救这一颓势，《新琼崖评论》勇敢承担了引领琼崖革命走向正途的重要使命。诚如徐成章在其文章《〈新琼崖评论〉周年经过之概略》中强调的："本社发起同人，有见及此，不忍故乡长此沉沦，不揣自己能力薄弱，只本大家最高度的热血，应时代的需要，组织这一个小小言论机关，以指示民众解放的道路，以发挥国民革命的真意义，以攻击一般下流无耻的伪革命派，使是非明白，民众知所适从，这就是同人发起组织《新琼崖评论》社的始意。"② 由此可见，《新琼崖评论》应时事而生，其意义就在于树立起鲜明的革命旗帜，指引琼崖革命逐渐走向正途，因而成为琼崖革命宣传工作的向导。

《新琼崖评论》是如何规范革命，引领革命发展的呢？

《新琼崖评论》初创时期的运营规则是职员每三个月选举一次，从1924 年 1 月创刊至 1925 年 2 月，共进行了四期选举，这样的运营规则为《新琼崖评论》的宣传任务做了四个阶段系统的划分。

第一阶段，在已有出版物被停刊和鲜见新出版物的情况下，新生的《新琼崖评论》的主要任务是揭露邓本殷罪行，扩大宣传、寻找应援，

---

① 王文明：《〈新琼崖评论〉一周〔年〕纪念感言》（1924 年 12 月 25 日），中共海南省委党史研究室编：《琼崖大革命史料选编》，1994 年，第 234 页。
② 徐成章：《〈新琼崖评论〉周年经过之概略》（1925 年 2 月 1 日），中共海南省委党史研究室编：《琼崖大革命史料选编》，1994 年，第 245 页。

解释革命之真谛。

第二阶段，引导民众认清革命真正的敌人，唤醒民众走向联合。

第三阶段，运营半年的《新琼崖评论》展示出勃勃生机，"在琼崖多数民众，甚欢迎本社的言论"，形成良性影响。此时期，在琼岛之外的琼崖青年还组织出版了《琼崖青年》《琼崖新青年》等杂志，彼此声援，琼崖革命青年积极奔走，推动各革命团体日趋走向联合。

第四阶段，组织琼崖革命大联盟，推动革命运动和革命工作顺次展开。

综上所述，《新琼崖评论》经过一年的摸索和努力，以推动国共合作、建立革命联合战线为己任，整治琼崖革命之混乱现象，引领琼崖民众认清革命斗争对象是反动军阀和帝国主义，唤起民众走向联合。

（三）《新琼崖评论》继续承担民族解放的统战宣传重任

1925 年 2 月，《新琼崖评论》迎来创刊一周年纪念活动，为此，发表了一系列文章，其核心要义是点明《新琼崖评论》创刊以来发挥的重要作用："一方面它不偏不倚的立于指导者的地位，去谋被压迫民众解放与利益，一方面它赤裸裸的暴露资本帝国主义者与军阀罪恶于社会，与努力去打倒他们的恶势力。"① 因此，《新琼崖评论》的特殊意义就在于这是一本"威武不能屈，富贵不能淫与为民众喊呐的刊物"，但"这个呱呱堕〔坠〕地，仅及周岁的小孩——《新琼崖评论》社，正需群众的赞助，与团体的提携，才有长成的希望"②。

---

① 柯嘉予：《我纪念〈新琼崖评论〉的短言》（1925 年 3 月 1 日），中共海南省委党史研究室编：《琼崖大革命史料选编》，1994 年，第 261 页。
② 俞埠：《琼崖同志今后的任务》（1925 年 2 月 1 日），中共海南省委党史研究室编：《琼崖大革命史料选编》，1994 年，第 255 页。

　　经过一年的努力发展，《新琼崖评论》取得了令人瞩目的成绩，但不能否认的是，与已经做过的工作相比，未做的工作众多，因此，"我们应回顾过去而图谋将来了"，"现在琼崖外受帝国主义的侵略剥削，内受勾结帝国主义者给与款械的军阀的压迫掠夺，复设教堂以麻醉我们青年，假藉清乡以扰乱我们闾阎，俾我们数百万同胞，形成商弃货、农停耕、工失业、士辍学的悲惨病态。这是我们应谋解决的问题，这是我们急筹救济的工作"。①

　　鉴于此，徐天柄在《我们今后两个最重要的工作》一文中指出，《新琼崖评论》从事宣传工作一年来，就评论工作而言是有所成的，但"不是偏于理想过高，便是病于实践无力"，因此，运行一年后的《新琼崖评论》未来的工作重点将落实于实际：一是建立联合革命战线。"那末幼弱的散漫的革命群众，尤其是团体之联合统一战线，为目前最急要之图"②，集中力量、扩大声势，实现最广泛的团结，才能完成民族解放的历史使命。二是强化统战宣传工作。在加大宣传力度和扩大宣传影响的前提下，将革命指导工作从宣传阶段向组织、训练和领导阶段推进，最终打通革命通路，走向革命胜利。正因为新琼崖评论社和《新琼崖评论》"既是适应琼崖环境的产物，则担任和领导琼崖革命的使命，自然当仁不让，责无旁贷的了"③。

------

① 锄荆：《〈新琼崖评论〉周年纪念感言》（1925 年 2 月 1 日），中共海南省委党史研究室编：《琼崖大革命史料选编》，1994 年，第 256 页。
② 徐天柄：《我们今后两个最重要的工作》（1925 年 2 月 1 日），中共海南省委党史研究室编：《琼崖大革命史料选编》，1994 年，第 252 页。
③ 徐天柄：《我们今后两个最重要的工作》（1925 年 2 月 1 日），中共海南省委党史研究室编：《琼崖大革命史料选编》，1994 年，第 253 页。

三、《新琼崖评论》统战宣传工作的重要实践

如前文所述，《新琼崖评论》经过一年的摸索和尝试，取得了令人振奋的成绩，成为琼崖革命时期的舆论宣传向导，特别是在统战宣传工作的重要实践中，对琼崖革命的发展起到了重要的引领作用。

（一）推动建立革命联合战线

推动建立革命联合战线一直是《新琼崖评论》的核心任务，为真正实现这一目标，首先要引领民众理解国民革命的意义。

徐成章在其文章《十余年来琼崖革命运动的回顾及今后应取的方针》中开宗明义地指出，国民革命"是建筑在民众利益基础的上面，除民众腐败恶劣的惯性，解放痛苦无理的压迫，使全民的利益幸福完全实现，这才是国民革命的真意义"[①]。而"中国国民革命的意义是全体的，同时也是联合的，我们是琼崖革命的青年，我们为完成全体的革命，要将中国国民革命的意义，潜入琼崖青年的生活里面去"[②]。由此可知，国民革命的真正意义在于，通过全体的联合的斗争方式实现"全民的利益"。

接下来，要引导民众理解的问题便是为什么要推动琼崖革命走向联合、走向团结。《新琼崖评论》第 6 期刊载的《改造琼崖的方式》（1924年3月12日）一文特别强调："琼崖的革命的青年们，应当另外采取一种改造琼崖的方式了。一个地方的恶势力之所以能够存在，有两种原因

[①] 徐成章：《十余年来琼崖革命运动的回顾及今后应取的方针》（1924年6月16日），中共海南省委党史研究室：《琼崖大革命史料选编》，1994年，第176页。

[②] 《〈新琼崖评论〉发刊辞》（1924年1月1日），中共海南省委党史研究室编：《琼崖大革命史料选编》，1994年，第51页。

的，一种是外来的影响，这就是时常说的'大势所趋'的意思。比方邓本殷之盘踞琼崖，吴邦安、陈岛沧之盘踞琼山、文昌，腐败校长教员们之盘踞琼崖各中等学校，这些都不是因他们自身有什么能力，只是'势'底养成。另一种是内部无敌人，这就是说在恶势力之下，没有革命的团体。比方琼崖人民受军阀摧残，土匪蹂躏，从没有听说有革命的个人或团体领导这班被压迫的人民起来反抗。那末，琼崖革命的青年们，对于改造琼崖的方式，有个采取的标准了，这就是：消灭养成恶势力之外来的影响，增加恶势力之内部的敌人——革命的团结！"[①]

那么，如何实现"革命的团结"呢? 答案便是建立联合战线。

先进的知识分子呼吁："我们第一要团结，团结就是力量。"在分析琼崖革命形势后，进一步总结当前革命的团结工作应集中在两点：一是以为散沙的民众，须赶快团结；一是以为已结合的群众，务须从速联合。在具体开展团结工作时，要做到："我们要在敌人底中心团结；我们要实际工作，工作就是教训；我们要在敌人底中心工作，同时，我们要加入全中国的联合战线——被压迫阶级反抗压迫阶级的联合战线，这是切断恶势力的源流的唯一的手段，所以我们不要怀着地方的革命观念，而要认地方革命是全中国的一部分工作。革命的朋友们! 联合起来到敌人底中心去！"[②] 由此可见，革命联合战线是促进民族团结的关键性工作。

值得注意的是，"全中国的联合战线"和"被压迫阶级反抗压迫阶

① 惠：《改造琼崖的方式》（1924 年 3 月 12 日），中共海南省委党史研究室编：《琼崖大革命史料选编》，1994 年，第 91 页。

② 惠：《改造琼崖的方式》（1924 年 3 月 12 日），中共海南省委党史研究室编：《琼崖大革命史料选编》，1994 年，第 92 页。

级的联合战线"较早地出现于《新琼崖评论》中。随着革命的发展，在该刊创刊一周年之际，徐天柄在《我们今后两个最重要的工作》中写道："那末幼弱的际化的法西斯带之风起云涌，便是有力的铁证。那末幼弱的散漫的革命群众，尤其是团体之联合统一战线，为目前最急要之图。"由此可知，《新琼崖评论》始终忠实于大革命时期建立国民革命联合战线的决策，循序引领琼崖革命统一战线的宣传和建设工作。

（二）明确革命方式、革命对象和革命力量

保持对时局清醒的认知是引领琼崖民众走向联合的基础。随着时局的发展，《新琼崖评论》始终担负着引导民众认清社会现实，明确革命方式、革命对象和革命力量的重要任务。

其一，唯有国民革命才是解放琼崖的正途。

在《新琼崖评论》第 11 期，徐天柄发表《琼崖学生也要做救国运动?》，文章开宗明义地告知青年学生："消极的抵制日本是不够——要积极的打倒国际帝国主义！只管外交——竟忘了政治运动这回工作！要求中华民族政治经济底解放——只有国民革命!"① 面对琼崖民众群起抵制日货的行为，徐天柄提示青年要严防两种错误倾向：一是不能只认日本是帝国主义而抛开英法美等国，二是不能只问外交而不问内政的错误。最重要的是，任何"不革命的途径"，如道德救国、良心救国、人道协助、教育救国、农村运动、自治运动、宪法运动、读书运动等，"都是消极的、不彻底的、死的、跑不通的道路"。最终的结局都无法实现琼崖的政治经济解放，唯有国民革命才是正途。

---

① 徐天柄：《琼崖学生也要做救国运动?》（1924 年 6 月 1 日），中共海南省委党史研究室编：《琼崖大革命史料选编》，1994 年，第 162 页。

其二，要清楚不革命和伪革命的真正意图。

长时期的战乱与困苦，反映在社会层面，除了坚决的抵抗和斗争外，还会滋生民众的消极心理，表现在行为方式上便是民众通过吃斋念佛等途径缓解社会现实带来的思想和心理压力。基于这样的社会背景，一些别有用心的组织便应运而生，如同善社。洪剑雄在《同善社与鼠疫》一文中，直接揭露了以王芝祥为代表的同善社的丑恶：在琼崖大吹法螺，演魔术，藉老、藉孔、藉佛，以此召集民众，形成一定规模的团体。这显然与"我们能够反抗外国帝国侵略主义与国内封建割据式的军阀，完全是靠我们的勇敢行为与正确的思想"背道而驰，其实质是"想拿我们这种固有的精神扑灭，以图苟延帝国主义与军阀们的寿命，而维持他们趁火打劫，乘机掠取的好机会，故套着假面具，张口说纲常，闭口说道德，四方传播他们的福音"①，对于革命毫无建树可言，反而会毒害琼崖民众的革命热情和斗志。

1924年4月，《新琼崖评论》第7期刊载文章《谁是我们之敌?》，强调革命队伍中"一些头脑稍较纯洁和小富有革命性的青年"并不清楚革命的真谛，在张口闭口革命的过程被反革命派驱使，最终陷入敌我不分的境地。因此，作者呼吁"一般有志的青年听听，以免盲目地去认友为敌，认敌为友罢"，即希望海南青年和民众擦亮眼睛，保持对敌人的清醒认知。在文中，作者强调琼崖民众要清醒地认识到：当前的敌人除了邓本殷及其反动势力之外，还有众多掠取民财的大盗巨贼。他们同样打出了反对邓本殷及其反动势力的大旗，原因却是："不过因他们

① 洪剑雄：《同善社与鼠疫》（1924年7月1日），中共海南省委党史研究室编：《琼崖大革命史料选编》，1994年，第196—197页。

本身沾不着邓氏的恩惠，故'醋海生波'。假设邓氏能赐一羹汤或分些余润与他们，马上就开颜笑面，一样地同十三县的县长仰邓氏意旨。"[①] 强调他们的最终目的"只是在分些赃便罢"，他们会成为继邓本殷之后压迫和剥削琼崖民众的又一拨反动势力。

然而，在识敌不清的情况下，就有人说："邓本殷虽闹琼崖这步田地，只是除开陈、郑这班能以实力与他反抗外，我们平民通通都是赤手空拳，简直是邓氏的炮灰，那有反对的可能?"[②] 显然，持这种观点的人对时局形势的认知、对敌人的认知是混乱的，企图寄希望于一拨反动派去打倒另一拨反革命，以暴制暴、乱上加乱，这显然不是真正的革命的意图和目的。综上所述，琼崖民众能否对我们的敌人保持清醒的认识，这是琼崖革命成败的关键，也是《新琼崖评论》统战宣传工作的重要内容。

其三，保持对革命对象的清醒认知。

琼崖之真革命必将仰赖于对琼崖革命的情形认知，它决定了我们如何去革命，如何去斗争。1924 年 3 月，《新琼崖评论》第 5 期刊登了洪剑雄的《我们怎样去干琼崖革命?》一文，文章强调革命的目的"是在打倒压迫民众的公敌，以解放民众所受一切的痛苦"，所采用革命方法的第一步就是要"认定仇人"，我们的敌人是："凡是没有良心不顾公益专图私利的，都是你们的仇人。然其中最重要的，第一就是官僚。看看刮剥你们血汗的捐税，公债票，……可以知道他的罪戾了。第二就是

---

① K. H:《谁是我们之敌?》(1924 年 4 月 4 日)，中共海南省委党史研究室:《琼崖大革命史料选编》，1994 年，第 111 页。

② K. H:《谁是我们之敌?》(1924 年 4 月 4 日)，中共海南省委党史研究室:《琼崖大革命史料选编》，1994 年，第 112 页。

军人。军官带了兵，藉名清乡，杀进你们的村坊，奸淫你们的妻子，毒打你们的父母，搜索你们的金钱，而他犹说几句替你们除害的体面话，他的罪恶较之官僚又更深一层。第三是资本家。他利用种种的方法来吸收你们的工资，令你们穷苦而生，穷苦而死，一生没得到半点安乐。他们虐待你们种种的事，你们心里晓得，用不到我来说。其余的坏人还很多，我也不一一细说了。"① 事实上，《新琼崖评论》第 5 期署名霞的文章《解放琼崖人民的第一步》，也已经精准概括了琼崖民众所经受的长期的社会现实，即"军阀底压迫，兵匪底骚扰，基督教底诱惑，官吏底勒索"②。一言以蔽之，对于琼崖民众而言，一切压迫民众的公敌如军阀、官僚、兵匪等封建势力，以及资本家的赤裸剥削、外来宗教势力对民众思想的钳制等均是琼崖革命的斗争对象，只有推翻他们的反动统治和黑恶势力，才能使民众摆脱困苦的生活。为实现这一目标，唯有革命，别无他途。

反帝任务的宣传也是《新琼崖评论》的重点。

1924 年 6 月 10 日，日本兵舰闯入海口，详细情况是："六月十日有日本兵舰入海口泊二三日，夜间开探海灯，照上陆地，人民不胜恐惶；日间水兵又强到琼城各机关参观，任意出入，旁若无人，在军事机关及各紧要地方，均拍照而去，琼崖学生看此情形，极为愤恨云。"③

随着革命形势的发展，先进的知识分子越来越清楚地认识到当前中

① 洪剑雄：《我们怎样去干琼崖革命?》（1924 年 3 月 1 日），中共海南省委党史研究室编：《琼崖大革命史料选编》，1994 年，第 85 页。
② 霞：《解放琼崖人民的第一步》（1924 年 1 月 24 日），中共海南省委党史研究室编：《琼崖大革命史料选编》，1994 年，第 63 页。
③ 徐天柄：《日本兵舰闯入海口与中国主权》（1924 年 6 月 16 日），中共海南省委党史研究室编：《琼崖大革命史料选编》，1994 年，第 174 页。

国革命的重要任务："帝国主义的列强之实施种种侵略方式——政治、经济、文化——向老弱的中国紧紧压迫，已达登峰造极，无微不至的程度，而尤以日本兵舰之闯入海口为最凶横，最露骨之表示了。"强烈呼吁革命当前，琼崖民众应该注意三件事情："一、我们应认识国际帝国主义者之无理取闹，咄咄逼人，甚至明目张胆的否认中国犹有主权！二、我们应认识国内军阀，系国际帝国主义者之工具。三、任何帝国主义者之侵犯我国主权，我们应即作严重的表示，以唤醒睡在醉乡的琼崖人民，尤其是全中国的人民，以引起大规模的团结，同仇敌忾，共担救国的工作！"① 由此可知，推翻帝国主义和军阀对琼崖的双重压迫才是琼崖民众最终的革命任务。认清帝国主义不仅仅是以日本列强为主，而是帝国主义列强相互勾结所组成的利益集团；认清帝国主义和军阀的关系即军阀乃帝国主义在中国的统治工具。鉴于此，《新琼崖评论》对琼崖革命的斗争对象、革命任务的宣传也贯穿始终。

其四，明确革命方式和革命力量。

明确革命对象后，革命斗争的方式便是号召被压迫者走向联合，即"我们所取的手段，是要联络民众——农民、工人、学生……将他们团结起来，一致反抗对敌的仇人"②。然而，在革命斗争过程中却存在如下现实问题：

尽管长期受到"军阀底压迫，兵匪底骚扰，基督教底诱惑，

---

① 徐天柄：《日本兵舰闯入海口与中国主权》（1924 年 6 月 16 日），中共海南省委党史研究室编：《琼崖大革命史料选编》，1994 年，第 175 页。
② 洪剑雄：《我们怎样去干琼崖革命？》（1924 年 3 月 1 日），中共海南省委党史研究室编：《琼崖大革命史料选编》，1994 年，第 85 页。

官吏底勒索"，琼崖人民却不敢反抗或不愿反抗，例如"青年学生以至于穷苦的老农，大概都处在'敢怒而不敢言'的情势之下，欲泣吞声，挨受痛苦"；

穷苦农工，因为限于他们底境遇，对于现社会除了怨恨诅咒以外，再难得有进一步，起而团结反抗的精神的；

营利的商人，卑污的士绅，他们正要利用社会的混沌，掠取金钱，对于现社会是没有不满意的；

以招民军为职业的人，真所谓"坏事有余，成事不足"；

此外只有青年的学生了，但是他们所受的教育，是不能使他们有反抗现社会的觉悟的，不但如此，反使他们走入歧途，使他们本能上的革命的勇气，丧失殆尽。①

由此可见，缺乏革命勇气和斗争精神是当时琼崖民众的问题所在。如何推动琼崖民众彻底觉醒，帮助其树立起顽强的革命斗争精神，无疑成为解决问题的关键。

令人欣喜的是，在琼崖确实存在着一批革命的有生力量——旅居北京、上海、南京、广州的富有革命精神的琼籍青年。这些青年曾经受五四运动的洗礼，并较早地接受和学习了马克思列宁主义，在琼崖学生运动遭受邓本殷的破坏和重创时，带着深入学习真理和寻求救亡图存革命道路的使命北上求学，在大革命的洪流中逐渐坚定了政治信仰、拥有了坚决的革命斗争精神。他们包括：以莫孔融、柯嘉予为代表的在北京求

---

① 霞：《解放琼崖人民的第一步》（1924 年 1 月 24 日），中共海南省委党史研究室编：《琼崖大革命史料选编》，1994 年，第 63 页。

学的爱国青年，以黄昌炜、陈垂斌、罗文淹、郭儒灏等为代表的在上海求学的爱国青年，以杨善集、叶文龙、徐成章、王文明等为代表的在广州求学的爱国青年。实践证明，这些富于革命精神的爱国青年后来均成为琼崖革命的中流砥柱。

然而，在当时的社会背景下，"仅靠住在北京、上海、广州的革命的青年们底力量是不够的，要住在琼崖的青年农民、青年工人都觉悟了，团结了，琼崖的革命，才有成功的机会"。这就需要明确："琼崖的革命的青年们暂时担任的责任，便是怎样去使琼崖的青年农民、青年工人觉悟起来，团结起来。"①

《新琼崖评论》当务之急是"向为目下琼崖能够做宣传者的，大概只有学生。无知识的劳动者，是要学生去宣传的。没有了学生，农、工阶级就不能在同一主义下面联合起来"。学生们"要向无产阶级的劳动者去宣传主义先要自己组织起来，联络起来，同农、工各团体通力合作，竖起革命的鲜明旗帜，直向仇人身上扑去"②。

其五，加大对革命组织的宣传。

为了实现全琼被压迫民众的大团结和大联合，成立组织或联盟的方式是最直接、最有效的途径。《新琼崖评论》先后通过倡议、宣传和刊载署名文章等方式向民众宣传琼崖重要的革命组织，包括：广东省农会、琼崖反对借款救亡团、共觉社、乐汇青年同志会、琼崖留学生会、新琼东社、琼山青年同志会、雷州青年同志社、琼崖革命同志大同盟暨

---

① 霞：《解放琼崖人民的第一步》（1924年1月24日），中共海南省委党史研究室编：《琼崖大革命史料选编》，1994年，第64页。

② 洪剑雄：《我们怎样去干琼崖革命？》（1924年3月1日），中共海南省委党史研究室编：《琼崖大革命史料选编》，1994年，第86页。

广州新琼崖评论社、上海琼崖新青年社、南京琼崖青年社、北京琼岛魂社、上海中华工学互助团、琼崖旅暹工学互助团等。这些组织在反对帝国主义压迫和邓本殷残暴统治中,均发挥了重要的组织和宣传作用。但是,规模小、组织松散、力量薄弱的特点,决定了这些组织无法有效动员、组织和指导琼崖民众进行国民革命,势必需要一个大规模的革命组织承担此重任。

在中国共产党的指导下,1925 年 4 月 7 日,由广州新琼崖评论社、上海琼崖新青年社、北京琼岛魂社联合发起并派出代表,在广州组织成立了琼崖革命同志大同盟。周士第在其文章《陈炯明失败与琼崖》中称:这一组织的成立"是由琼崖客观情形而产生出来的一个纯粹的革命团体;是集中琼崖革命力量的枢纽;是我们琼崖三百万民众由黑暗之中跑到光明大路必经的途径,和解放琼崖三百万民众痛苦的唯一工具"[①]。

《新琼崖评论》第 29 期对此事件进行了宣传报道,刊发了《琼崖革命同志大同盟成立宣言》《琼崖革命同志大同盟组织大纲》等文章。其中,《琼崖革命同志大同盟成立宣言》一文强调,成立该同盟的意义有三点:一是联络革命团体,锻造革命的伟大力量;二是用革命的伟大力量,打倒琼崖的军阀,及其所勾结的帝国主义;三是建设国民政治,以全力为琼崖被压迫民众谋利益,为被压迫民众之解放而不懈奋斗。其后,该同盟主导了驱邓护岛运动,使琼崖境内的反帝反封建运动取得阶段性胜利。

---

① 周士第:《陈炯明失败与琼崖》(1925 年 5 月 1 日),中共海南省委党史研究室编:《琼崖大革命史料选编》,1994 年,第 303 页。

综上所述，海南革命工作从对革命团结、联合的倡导到提出革命联合战线，其工作基本遵循宣传、组织、训练和领导的流程，至琼崖革命同志大同盟建立，标志着琼崖革命从组织上走向联合，为革命联合战线的持续发展奠定了重要基础。

（三）猛烈抨击邓本殷的反革命罪行

1922 年 6 月，陈炯明发动羊城兵变，广东陷入混乱。1923 年 8 月，邓本殷、申葆藩联名发出通电，宣称："天祸吾粤，客军入境，迭遭兵灾，以苦吾民，吾粤南路八属为弭兵祸，宣布自治，保境安民。"① 随后，邓本殷任八属联军总指挥，挥军北渡琼州海峡，占据高、雷、琼、崖、钦、廉、罗、阳八个州属，成为地方割据势力，开启其长达三年的残暴统治。而对邓本殷罪行的揭露也自此展开。早在 1923 年 5 月，早期中国共产党人吴明（陈公培）就在给光亮（施存统）的信中陈述："陈炯明柄政以来，以琼崖统治权委之由行伍出身之邓本殷。邓氏为钦廉人，陈氏由漳州回粤，邓氏以从龙之资格，取得琼崖善后处长。去年六月粤变后，因军饷缺乏，遂大施赌业，现琼岛全境杂赌盛行，妇孺相率为赌徒，全岛遂成赌国。"② 直接揭露了邓本殷在挥师琼崖后，为了筹措军饷不惜大肆推行赌业，使得琼岛全境赌业盛行，琼岛全民沦为赌徒。

1923 年 8 月 22 日，《广州民国日报》登载了《琼人咸怒邓本殷》一文，并写道："陈炯明迭次催解军饷，邓氏只共缴去五万元。琼山遍

---

① 广东省政协文史资料研究委员会：《粤军史实纪要》，广东人民出版社 1990 年版，第 626 页。

② 《吴明给光亮的信》（1923 年 5 月），中共海南省委党史研究室编：《琼崖大革命史料选编》，1994 年，第 45 页。

地烟赌收入甚巨，琼山地方检察长冯汝楠、地方审判厅长陈玉衡，均代邓筹饷，将司法赢余项下，拨充军饷。"再一次指出邓本殷暴政的最初目的即是筹措军饷，因此，"琼民恨邓入骨，咸望省军之早至，若省军派一二战舰驶赴海口，益以陆战队数百，足以驱邓有余云"①。然而，长久以来驱逐邓本殷的呼吁并未落在实际行动上。

《新琼崖评论》对于邓本殷罪行的揭露可分为三个阶段。

第一阶段：揭露邓本殷对琼岛民众的残暴统治。

1924 年 2 月 1 日，《新琼崖评论》第 3 期刊出了洪剑雄的文章《琼人驱邓本殷之空调》，尖锐地指出驱逐邓本殷不过是一纸空调，"一直自陈炯明时到现在，撤邓驱邓的运动，都不过如此如此"，这使得"邓氏的胆愈壮，横行愈甚，使琼崖今日几为邓氏祖传的家产，十三县的县长，俨然做替他收账的家奴。何等痛心"。强烈呼吁琼崖民众"与其作电报式哀恳式之空调无补的反抗，不如着着实实地准备去牺牲，攫敌人的头颅呢"②。

此后，《新琼崖评论》加紧了对此内容的宣传，先后在第 5 期刊出《唉！为虎作伥的琼人！》，第 6 期《改造琼崖的方式》《请看邓本殷层出不穷的暴琼苛政》，第 8 期《琼崖人民反抗军阀重迫底第一声》《邓本殷为什么擅置"南殷县"》，第 9 期《好一篇官样文章！》《琼人还不急起来自救吗？》，第 10 期《敬告琼崖同志》，第 11 期《反动苛捐的琼崖》《琼人治琼与八属主义》《琼崖留省学会声讨邓本殷》等系列文章，

---

① 洪剑雄：《琼人咸怒邓本殷》（1923 年 8 月 22 日），中共海南省委党史研究室编：《琼崖大革命史料选编》，1994 年，第 48 页。

② 洪剑雄：《琼人驱邓本殷之空调》（1924 年 2 月 1 日），中共海南省委党史研究室编：《琼崖大革命史料选编》，1994 年，第 72—73 页。

直接揭露邓本殷对琼崖民众的残暴统治，强烈呼吁联合起来驱逐以邓本殷为首的反革命势力。众多学者所声讨的邓本殷的罪行主要集中在以下几个方面：邓本殷在琼的残暴统治，如种植鸦片、开设赌场，导致琼崖烟赌盛行；假借清乡，屠戮百姓；私造货币，筹款勒捐，令百姓苦不堪言；与帝国主义勾结，唯其马首是瞻，压迫琼崖民众；培植私人势力，蓄养走狗门客等累累罪行。

这一时期的运动被统称为"驱邓运动"。新琼崖评论社发表署名文章《读了旅京琼崖同乡会〈函告各地同乡〉之后》："到了最近的过去之一年当中，一方面因外资压迫益形紧急，觉得国民生活应适应现实的社会经济状况而亟图改造；别方面有些勇于进取的青年工人、学生、军人外出工作、留学、服务，受了德赛两先生的洗礼，便感到国民有参与政治运动的急要；同时又被陈炯明的爪牙邓本殷数年来敲削剥夺之暴政压迫，一天比一天严重，因是激起琼崖人民急图生存而索性地做'驱邓运动'。"① 面对如火如荼的"驱邓运动"，新琼崖评论社给出了非常中肯的意见，首先高度肯定了"驱邓运动"的价值，这是琼崖现状之下的革命动机，但要值得注意的是，"驱邓运动"不能仅仅以驱逐邓本殷为根本目的，要知道驱逐一个邓本殷还会出现第二个邓本殷，因此要真正推翻的是军阀制度；同时，要真正实现"驱邓运动"的目标，就不能仅仅联系旅外琼胞，还要更多依靠琼崖民众，有计划有步骤地推进"驱邓运动"；要真正意识到琼崖人民的解放离不开中国问题的解决，因此，要组织琼崖民众积极地投身于全国人民大规模地打倒军阀的革命

---

① 新琼崖评论社：《读了旅京琼崖同乡会〈函告各地同乡〉之后》（1924 年 5 月 16 日），中共海南省委党史研究室编：《琼崖大革命史料选编》，1994 年，第 151 页。

运动中去。

第二阶段：讨伐军阀，推进革命斗争。

1924 年，嘉积土匪杀死美国牧师冯卓支案，再一次暴露了邓本殷甘为帝国主义走狗的反动本质，"讨邓"宣传也进入新一轮的高潮。

据琼讯报道，冯卓支案的原貌和结局是："因嘉积土匪杀死冯卓支案，邓本殷即派其爪牙陈凤起前赴琼东县清乡，在陈赴嘉以前，已预先买了毛笔三百余枝，以为捕人枪毙时写令之用，并向人说：'非杀同这笔数一样多，决不放手，'迨陈到嘉积后，居民逃避一空，日夜均宿山中，陈则派队四出〔处〕搜捕，一遇人民，无论良莠，必遭逮捕，刻已捕五六十人，枪毙无辜乡民三十人，而正匪则一无所得。闻关于此案，洋人则指为邓氏部下何家裕打死，邓氏则否认之，洋人方面又要求赔款一百万元，邓氏已答应筹偿四十万元，请了其事，该款拟由该县人民搜括充赔云。"①

针对此事，《新琼崖评论》先后发表系列文章：第 12 期刊载洪剑雄的《土匪打毙美牧师》、曹石泉的《冯卓支的死》，第 14 期刊载徐天柄的《军阀与帝国主义者协同宰割琼崖人民之一幕——冯卓支被杀案》、洪剑雄的《琼崖人舒服?》、杨善集的《为"琼崖外国教士被杀案与陈凤起清乡案"敬告琼人》等文章。

　　徐天柄直接揭露帝国主义、军阀和琼崖恶官蠹绅相互勾结的目的在于"此次冯案自然是件小事，自然是帝国主义者小题大做。

---

① 徐天柄：《军阀与帝国主义者协同宰割琼崖人民之一幕——冯卓支被杀案》（1924年 7 月 16 日），中共海南省委党史研究室编：《琼崖大革命史料选编》，1994 年，第 198 页。

藉端向我国民进攻，但其所以致此之由，自然是列强与军阀，他们日夜努力制造此祸因，而助纣为虐的还有琼崖恶官蠹绅（闻因此案而地方官绅出力罗织平民不少），因为他们惯做军阀的刽子手，引狼入室，才能干出这种害民媚外的骇人勾当，——这三者在我们瞧来，罪恶纵有轻重的不同，凡有良心，血气的琼崖人民，总应共同团结起来，向他们做一个猛烈的总攻去"①。

洪剑雄深刻揭露："我知美国教徒在琼崖到处设教堂，办学校，滥便宜博琼崖人的好感去运用文化侵略的政策；邓本殷则豢养一般县长与败类政客，替他施行敲剥的计划，其抱持虽异，而苦心孤诣，给琼人建立了改造神经系统的大工厂，不愁琼崖人的神经感觉不随洋大人与邓处长的意向而转移。"②

杨善集则强烈呼吁："琼崖的同胞阿！请速奋起！打倒国内军阀，打倒外国资本帝国主义！"③

此后，《新琼崖评论》再一次兴起讨伐邓本殷的宣传热潮，并扩大宣传规模。先后推出系列文章：第 12 期徐天柄的《军阀为外国帝国主义的工具之一点表示》、洪剑雄的《琼崖的教育不是算落后呵》，第 13 期洪剑雄的《编军与土匪》，第 14 期杨善集的《为"琼崖外国教士被

① 徐天柄：《军阀与帝国主义者协同宰割琼崖人民之一幕——冯卓支被杀案》（1924年 7 月 16 日），中共海南省委党史研究室编：《琼崖大革命史料选编》，1994 年，第 200—201 页。
② 洪剑雄：《琼崖人舒服?》（1924 年 7 月 16 日），中共海南省委党史研究室编：《琼崖大革命史料选编》，1994 年，第 203 页。
③ 杨善集：《为"琼崖外国教士被杀案与陈凤起清乡案"敬告琼人》（1924 年 7 月 16 日），中共海南省委党史研究室编：《琼崖大革命史料选编》，1994 年，第 206 页。

杀案与陈凤起清乡案"敬告琼人》，第 15 期洪剑雄的《谁能负起改造琼崖的责任?》，第 19、20 期连续刊发徐天柄的《军阀民军土匪混战与琼崖人民》，第 26 期徐天柄的《为冯卓支旧案敬告中国人民》，第 29 期周士第的《陈炯明失败与琼崖》等。

此时的宣传与国民大革命的形势密切结合。例如，徐天柄的《军阀民军土匪混战与琼崖人民》一文就细述了琼崖因饱受军阀、军民、土匪混战而苦不堪言："军阀之黩武乱国，为我们最大的敌人，自然要打倒的对象。强盗式民军之'祸琼殃民'，也与土匪式军阀（邓本殷、陈凤起、邓承苏等），完全没有两样。"因此，当前琼崖革命最紧要的任务便是："在国民革命旗帜之下，组织琼崖民众，尤其是工农阶级，努力训练，使其成为真正革命的国民队伍，准备将来中国革命爆发时之大举，这乃是建筑在代表民众利益的基础上面的革命运动，有意义和价值的军事行动，而且是成功他的使命的光荣的革命事业。"①

这一事件的结局记录在《新琼崖评论》第 25 期徐天柄的《为冯卓支旧案敬告中国人民》一文中："近日琼崖寨主邓本殷随同六个碧眼高鼻的洋大人往嘉积办理去年土匪杀死教士之旧案，追勒琼东、乐会两属刻日筹出七万元赔偿，其余各县，尚未知凡几；因此琼乐两县绅商，恐慌异常，拟定旧历三月初二日开公民大会讨论如何禀承筹款方法。"②旧案重提，此结局令人愤慨和屈辱，赤裸裸地暴露了帝国主义敲诈屠戮琼崖民众，并进一步染指琼崖政治、经济和文化的野心。

---

① 徐天柄：《军阀民军土匪混战与琼崖人民》（1924 年 9 月 16 日），中共海南省委党史研究室编：《琼崖大革命史料选编》，1994 年，第 217 页。

② 新琼崖评论社：《致琼乐两属公民大会邮电》（1925 年 3 月 1 日），中共海南省委党史研究室编：《琼崖大革命史料选编》，1994 年，第 262 页。

周士第的《陈炯明失败与琼崖》一文再次披露了此事件的结局，"嘉积市派土匪杀美国冯牧师之案，听说美国帝国主义家奴美国领事对琼人说：'你们打死我大美国一人，要你中国人一百人偿命，并赔偿五十万，倘否则兵舰马上就到，那个时候你们怨错又迟了。'果然枪毙良民数十人。陈凤起在文昌清乡因勒索不遂枪毙百余人，定安枪毙百余人。陈庆图在定安、乐会、万宁清乡，也是四出勒索，也因勒索不遂枪毙八十余人。其余临高、澄迈、昌江等处，更为惨不忍言！"①

由此可知，军阀烧杀掳掠、为所欲为，使得民不聊生、百姓苦不堪言。在事实面前，人们也充分意识到在帝国主义和军阀的双重压迫下，当务之急便是打倒帝国主义、推翻军阀统治。为实现这一目的，《新琼崖评论》以揭露冯卓支案实质为宣传内容，主要从以下几个方面引领琼崖民众认清封建势力和帝国主义。

首先，在大革命的号召下，组织琼崖群众，形成真正的革命的国民队伍。尤其是革命青年，应当仁不让地成为革命先锋，以代表全琼崖民众利益，谋求琼崖的解放。

其次，倡导民众以严格的手段去抗议，以新琼崖评论社为代表，以陈述事实、揭露真相、呼吁抗争、引领联合为己任，对反动军阀的统治予以痛击。同时，呼吁琼崖各界通过罢工、罢市、罢学，掀起"驱邓运动"高潮。

再次，在革命联合战线的旗帜下，有组织有计划地向帝国主义和军阀进行猛烈反攻。在双重压迫下，琼崖民众必须做到："反帝国主义的

---

① 《邓本殷败后行踪又一说》（1926年2月1日），中共海南省委党史研究室编：《琼崖大革命史料选编》，1994年，第392页。

国际联合！反军阀政治的国民联合！琼崖被压迫的民众，尤应加倍愤励，为国民革命而努力，为自己利益而奋斗！"①

最后，呼吁琼崖民众走上自救之路。《新琼崖评论》第 29 期刊载王绰余的《琼崖的民众快起来自救》，文章强烈呼吁："从此以后，我们琼崖的民众们，要想享平等自由的幸福，就不可全靠着若辈的救助。须快觉悟、团结起来，实行加入革命党的队伍里，和那万恶的军阀，暴戾的乡蠹，贪污的官僚，决一血战，然后才能得到平等自由的幸福。因为在这种掠夺压迫之下，自由和平等是要用我们自己的力量争来的。我最亲爱的工友们！农友们！快快觉悟！团结起来，努力奋斗！因为团结就是力量！努力奋斗才能够得到幸福！"②

第三阶段：揭露邓本殷借款的阴谋。

1925 年 4 月，邓本殷以发展实业为名，向美国银行借款三千万美元。此事件成为《新琼崖评论》关注的重点内容，先进的知识分子纷纷发表言论以揭露邓本殷借款的真正图谋，形成声讨邓本殷反革命罪行的第三次浪潮。

1924 年 4 月 29 日，陈布公、钱亦能、梁学光、何森在《新琼崖评论》第 30 期联合发布文章《邓本殷借款详细情形》，揭露邓本殷借款之阴谋：

> 考邓贼借款，乃因去年六月间嘉积杀美教士而起。当时美国派

---

① 徐天柄：《为冯卓支旧案敬告中国人民》（1925 年 3 月 15 日），中共海南省委党史研究室编：《琼崖大革命史料选编》，1994 年，第 265 页。
② 王绰余：《琼崖的民众快起来自救》（1925 年 5 月 1 日），中共海南省委党史研究室编：《琼崖大革命史料选编》，1994 年，第 305 页。

兵舰一艘，同美国副领事及随员六十余人，到琼交涉。邓贼恐慌，对于美人谄媚备至，将教案秘密解决。自此邓贼与美人意气所投，酬酢往还，几无虚日。今年四月初旬银行代表周斗山，同陈炯明代表、林虎代表到琼接洽，借款事，遂从此种积极进行。邓贼此次巨大借款，名为举办实业，实则希图募兵购械，并戕杀我人民，贻祸我国家。琼民处积威之下，一言则遭屠戮，请愿不能，反抗无法，迫遣代表等来港，电知全国，共起反抗，并向省署请愿，特此报告。①

邓本殷以建造琼崖码头、商埠、海港及开发铁路、森林、矿产权为交换条件，私向美国借款三千万美元，用以购买军备物资，扩充实力，达到抗拒革命政府、割据琼崖的目的，这一卑劣的卖国行径引起人民的强烈反抗。在《新琼崖评论》第29期《琼崖革命同志大同盟反对邓本殷借款通电》中，进一步指出此阴谋的严重后果：琼崖将陷入被列强瓜分的境地，"私通美国，以全琼产业划归美国管理，借款三千万美金，希图死灰复燃，不惜以全琼为孤注。琼崖为中国南方屏障，英法之役，清廷既与法人，结不得割让之约。日人又屡占其东西〔沙〕群岛"。更令人心忧的是："琼崖久为列强之盘中餐，而国人亦复不经意。"

随后，此事件由琼崖革命大同盟主导，其担当了"驱邓运动"的中坚力量。《新琼崖评论》则继续以揭露邓本殷卑劣行径为宣传重点，为"驱邓运动"制造舆论优势。

---

① 陈布公、钱亦能、梁学光、何森：《邓本殷借款详细情形》（1925年4月29日），中共海南省委党史研究室编：《琼崖大革命史料选编》，1994年，第294—295页。

首先，重点宣传琼崖革命大同盟及其他组织联合发起的各项活动。

相关报道有：《新琼崖评论》第 30 期刊发《琼崖革命同志大同盟的使命》《琼崖革命同志大同盟成立与琼侨》《陈炯明失败与琼崖》《琼崖革命同志大同盟反对邓本殷借款通电》等，旨在揭露邓本殷的罪行，并组织琼崖各界行动起来，共同反对邓本殷的卖国行径。其间，广东省农会、琼崖反对借款救亡团、劳动大会、共觉社、乐会青年同志会、琼崖留学生会、新琼东社、琼崖留省公民、琼山青年同志会等团体纷纷通电，呼吁琼崖民众"务祈万众一条心，抵死力争，毋使琼崖十三县为爪哇、台湾之续，毋使琼崖三百万同胞沦为美利坚帝国主义之奴隶"①。

另据《琼崖留省公民反对邓贼借款的经过》记载，1925 年 5 月 3 日，在广东大学西操场，由琼崖革命同志大同盟发起，召开了琼崖留省公民大会，以决议的方式对反抗邓本殷借款运动进行了统一部署和指导："（一）请各团体通电反对。（二）组织反对借款救亡团。（三）通知琼崖内地一律罢工、罢市、罢课反对。（四）用全体公民名义通电全世界，宣布美国之经济侵略。（五）警告邓本殷之走狗。（六）派代表到各地鼓吹。（七）组织军事实力。（八）请愿政府讨伐邓贼。"最终，琼崖人民在全国人民的支援下，掀起罢工、罢课、罢市等一场又一场"驱邓护岛"运动，重压之下，邓本殷未与美国签约，"驱邓运动"取得了阶段性胜利。

其次，大规模地宣传琼崖各界反对邓本殷借款的强烈呼声。

---

① 《琼崖革命同志大同盟反对邓本殷借款通电》，中共海南省委党史研究室编：《琼崖大革命史料选编》，1994 年，第 306 页。

1925 年 5 月 4 日，琼崖反对借款救亡团发布《警告琼崖军政学各界书》，强烈呼吁"现诸君效劳邓逆，虽一时富贵尊荣，亦不能逃出亡国之圈。若果天良尚存，早日觉悟悔过前非，共起反抗，同心协力彻底争持，是则同人等之所厚望。倘执迷不悟，甘作亡国之奴，则同人等视同仇人，誓以铁血手段，以雪琼人之恨，特此警告"①。此后，《新琼崖评论》第 30 期又先后发表文章《广东省农会致美国农民电》《警告琼崖军政学各界书》《劳动大会反对邓本殷借款》《共觉社致全国同胞电》《为反对邓本殷借款警告全国同胞书》《琼崖留省学会致全国同胞电》《新琼东社致全国同胞电》《琼山青年同志会致全国同胞电》《邓本殷借款与革命政府》《雷琼各社团致全国同胞电》《琼崖反对借款救亡团致琼崖各界》等。

这次宣传的规模是宏大的，涉及的宣传主体是庞大的，不仅涉及早期中国共产党人，还涉及琼崖革命同志大联盟、广东省农会、共觉社、琼崖留学生会、琼山青年同志会、雷州青年同志社、琼崖革命同志大同盟暨广州新琼崖评论社、上海琼崖新青年社、南京琼崖青年社、北京琼岛魂社、上海中华工学互助团、琼崖旅暹工学互助团等团体。合作分工最大限度地从琼崖学生、工人、农民、军界、政界、琼侨等，逐渐扩展至全国同胞。

至 1925 年 5 月，出版 30 期的《新琼崖评论》完成了历史使命。综观《新琼崖评论》30 期的总体内容，对以邓本殷为代表的军阀的残暴统治进行猛烈抨击几乎贯穿始终，使琼崖民众充分认识到打倒军阀是琼

---

① 琼崖反对借款救亡团：《警告琼崖军政学各界书》（1925 年 5 月 4 日），中共海南省委党史研究室编：《琼崖大革命史料选编》，1994 年，第 309 页。

崖解放的历史使命之一。《新琼崖评论》分阶段、有步骤地宣传，对"驱邓运动"起到重要的引领和推动作用。

（四）揭露教会学校的本质

早在《新琼崖评论》第 1 期，洪剑雄的《教会学校与琼崖》一文就直言教会学校的真正面目："外国帝国主义侵略中国的政策，不先是日本和英法，就向来持孟禄主义的美国，也是同样的野心，不过美国的手段阔绰些，文雅些，使穷饿——经济，思想——的中国人见着便生出羡慕和欢迎的心，而忘却自身被压迫的痛苦罢。"① 基于此目的，美国所采用的阔绰的文雅的方式便是兴办教会学校，企图"使中国成为基督教化的中国，他的希望是在未来之若干世纪里，使中国将成基督教的大本营"②。自始至终，教会学校并非是为了在中国兴办教育，而是企图通过传播宗教来钳制中国人的思想，以达到侵略的根本目的。诚如徐天柄所言："帝国主义的列强，除政治、经济的侵略之外，还要继续无量数地输入鸦片烟、基督教两种货品，以麻醉我们脑筋纯洁的青年人，使其成淘成无骨气的软体蠢物，永无含具抵抗性的可能。"③

实际上，基督教办学所鼓吹的核心思想是"人格救国"，其采用慈善的办学方式，不收学费并减免膳费，对受洗入教的学生给予特殊优待，以办教育之名来招揽基督教信徒。新琼崖评论社在其署名文章

---

① 洪剑雄：《教会学校与琼崖》（1924 年 1 月 16 日），中共海南省委党史研究室编：《琼崖大革命史料选编》，1994 年，第 59 页。

② 洪剑雄：《教会学校与琼崖》（1924 年 1 月 16 日），中共海南省委党史研究室编：《琼崖大革命史料选编》，1994 年，第 59 页。

③ 徐天柄：《军阀与帝国主义者协同宰割琼崖人民之一幕——冯卓支被杀案》（1924 年 7 月 16 日），中共海南省委党史研究室编：《琼崖大革命史料选编》，1994 年，第 200 页。

《致琼乐两属公民大会邮电》中直接揭露了帝国主义侵略中国的方式之一便是："派遣基督教作先锋，实行文化侵略，以麻醉青年群众。"① 对此，洪剑雄强烈呼吁："我琼送子弟入教会学校的父兄呵！你们切勿贪一时的便宜。你们须想想中华民族一部的国耻史上，那一件痛心事，不是与传教有关？我琼人教会学校的亲爱青年们！应知你们两肩所负的责任；未来的新琼崖，全由我们青年人手筑，未来轰轰烈烈的中国，都是凭我们青年人去建设和创造呵！"②

1924 年 6 月，"海南公学教员姜心培，近因收学生之大洋数百元，拿去赌输，遂被学生囚缚……"③ 这一事件引发《新琼崖评论》对基督教本质的又一轮揭露和抨击。

新琼崖评论社重点宣传和教育的对象是迷信基督教的琼崖民众、送子弟进教会学校读书的民众和已经就读于教会学校的青年，呼吁大家要认清：基督教"那一句话离开上帝，那一句话不是喊你们做他们上帝的木偶，那一句话不是中国人不如外国人。这种的教育，心里完全是想杀灭你们的本能，抑制你们的思想发展，麻醉你们的神经，以冀达他们棍骗侵略的目的"④。除此之外，新琼崖评论社还致力于揭露教会作为帝国主义侵略先锋队的本质，例如，在长期战乱情况下趁火打劫，通过接受托庇或寄存等方式收取银圆；以办学之名扩充地皮，谋取私利；

---

① 新琼崖评论社：《致琼乐两属公民大会邮电》（1925 年 3 月 1 日），中共海南省委党史研究室编：《琼崖大革命史料选编》，1994 年，第 262 页。
② 洪剑雄：《教会学校与琼崖》（1924 年 1 月 16 日），中共海南省委党史研究室编：《琼崖大革命史料选编》，1994 年，第 62 页。
③ 洪剑雄：《基督教徒原来如此！》（1924 年 6 月 1 日），中共海南省委党史研究室编：《琼崖大革命史料选编》，1994 年，第 166 页。
④ 洪剑雄：《基督教徒原来如此！》（1924 年 6 月 1 日），中共海南省委党史研究室编：《琼崖大革命史料选编》，1994 年，第 167 页。

等等。

广大青年学生用实际行动来对抗基督教学校，使得琼崖的基督教会制造"中国的汉奸"的计划宣告失败。具体事件详细记载于《最近琼崖学生界值得注意的两件事》一文中："去年十一月间，嘉积的教会学校中，有一个学生对于基督教有一种轻蔑的表示，那个学生即被开除，于是全体学生起来反对，学校即将全体学生遣散。又去年十二月间，府城匹瑾女学学生因为要求参观男校华美中学学生所演之白话剧听说是关于爱情的剧遭学校禁止，学生不受命，全体遂被遣散。"① 琼崖民众越来越清醒地认识到：基督教就是帝国主义侵略中国的"急先锋"，通过实施文化和教育侵略，达到其麻醉青年的目的。因此，越来越多的青年人在揭露基督教教育本质和宣传爱国主义思想的斗争中勇敢地站出来，为琼崖独立的教育思想、清朗的教育环境而奋斗。

四、《新琼崖评论》统战宣传工作的新特点

《新琼崖评论》从 1924 年 1 月 1 日正式发刊到 1925 年 5 月停刊，共出版 30 期，时间虽短，却引领琼崖统战宣传工作的新发展，使得此时期的统战宣传工作呈现出新特点。

（一）以论战的方式抢占宣传主阵地

如何救国一直是此时期广大民众关注的重点问题。随着大革命高潮的到来，建立联合的革命战线已经成为共识。然而，此时的琼崖仍出现了众多"不革命"的论调，如"道德救国、良心救国、人道救国、教

---

① 霞：《最近琼崖学生界值得注意的两件事》（1924 年 2 月 15 日），中共海南省委党史研究室编：《琼崖大革命史料选编》，1994 年，第 74—75 页。

育救国，农村运动、自治运动、宪法运动、读书运动"① 等，而《新琼崖评论》自创刊起便成为抨击这些"不革命"言论的主阵地。战斗在这一领域的代表人物主要包括杨善集、易君、洪剑雄和徐天柄等，他们抨击的对象主要有陈骏业②和陆达节③等，他们之间关于救国问题的论战十分激烈，这也成为此时期统战宣传工作的一个新特点。

1. 关于"品学与政治"之争

为纠正学者不参与政治的谬论，杨善集在其创办的《觉觉》杂志第2卷发表了讨论性文章《品学与政治》，引起陈骏业关注。杨善集讲道："骏业君自沪来函，犹期期不以为尽然，然骏业君之思想，已承认谈政治的必要，因再进一步与之讨论，此题关系重大，请大家都来研究！"④

在《新琼崖评论》第3期，杨善集再次发表署名文章《再讨论品学与政治——答陈骏业君》，将"品学与政治"之争推向高潮。在收到陈骏业《再讨论品学与政治》⑤ 的信件后，杨善集在《新琼崖评论》第6期再次刊发了《再同陈骏业君讨论品学与政治》一文，将此问题的讨论引向深入。

---

① 徐天柄：《琼崖学生也要做救国运动?》（1924年6月1日），中共海南省委党史研究室编：《琼崖大革命史料选编》，1994年，第164页。
② 陈骏业：广东省琼东县人，1927年投身革命，曾任中共定安县委书记，中共琼崖特委委员，琼崖苏维埃政府委员、主席等职。1932年被捕后，叛变革命。
③ 陆达节：广东省文昌市重兴镇敦陶村人，1920年毕业于北京大学本科中国哲学系及研究院国学系。毕业后，先后在广西玉林中学、海南文昌中学、广东省立第六师范学校（海南琼台师范前身）任教。曾与海南教育界知名人士钟衍林、陆兴焕等创办琼海中学（今海南中学前身），20世纪20年代后期赴新加坡育英学校任教。
④ 陈永阶编：《琼崖革命先驱者文集》，琼岛星火编辑部出版，1985年版，第17页。
⑤ 详见《新琼崖评论》第6期《再同陈骏业君讨论品学与政治》之附录。

此次讨论经历了从各执己见到部分融合的过程，但在核心观点和做法上仍然泾渭分明，综合而言，双方的主要观点如下。

陈骏业的主要观点有①：

其一，认为现今中国政治污浊，有品学的人们，切不可卷入政治运动中，以免卷入旋涡，最终不能改变政治，却被政治腐化。

其二，主张联络地方上的优秀分子，反对政治，抵抗政治，专门将致力于社会上的事业作为谋幸福的方式。特别强调：这些地方上优秀分子所致力于的社会事业，就如教育会、学校和工会等组织的性质一样，这种团体要含藏有破坏恶政治抵抗恶政治的潜势力。

其三，主张站在现在的政治局面外，"为监督的动作，果他们的罪恶够了，我们就可起而肃清这个大污点，另组织较好一点的机关，使真民生的国家实现"。

其四，建立一种新组织，去推翻污浊的政治，再生出较适合的政治，达到人人共享政治的目的。

从陈骏业的主要观点来看，他意识到了近代中国政治的腐败和落后，劝诫有品学的人要远离政治。同时，主观上对能够参与政治的人进行了划分，鼓励优秀分子站出来反对政治，但要参与社会事业。最终的目的是建立一种新的政治，实现人人共治共享。至于中国政治现状如何，如何建立一个新的组织，如何实现人人共治共享，并未详尽叙述。不过，在总结其与杨善集论证过程时，陈骏业强调："自然，我们青年

---

① 陈骏业的核心观点提炼于两篇文章：杨善集的《再讨论品学与政治——答陈骏业君》（载《新琼崖评论》第 3 期）、《再同陈骏业君讨论品学与政治》之附录陈骏业信件原文（载《新琼崖评论》第 6 期），收录于陈永阶编：《琼崖革命先驱者文集》，琼岛星火编辑部出版，1985 年版，第 17—18 页、第 25—26 页。

当着这样危急的国家，和黑暗的社会，岂可不用全力去谋拯救的方法呢？不过工作的程序，我和善集君还是有根本的不同。善集君是欲以政治救政治，且欲以政治救社会的。我以为政治罪恶，就是社会的罪恶；社会的人们，果然有品学起来，先到社会里去做根本上的改造，恶浊政治断难留存。是欲以社会去推翻政治，改换政治的。"① 总体看来，陈骏业立足于要改变政治必先改变社会的观点，而品学的作用依旧服务于到社会中去根除政治问题。

杨善集的主要观点有②：

其一，阐明"品学"的真正含义在于："修养我们个人的学问品格，预备出来做社会运动，免得被污浊的社会卷去。换句话说：就是我们要养成一般有品学的社会人才，有品学的政治人才，同时要用我们平日的修养，来社会中，纠正一般不好的习惯和风俗而使政治澄清，社会进化。"③"品学"的关键恰恰就是要保持清醒的头脑，在社会上进行澄清政治的运动，使政治进步清明，走入正轨，进而反抗黑暗政府的压迫。

其二，在其文章《再同陈骏业君讨论品学与政治》中直陈："骏业君的错误，就是未明瞭政治运动的根本意义。尤其是轻视他人的政治运动的主张，而自己底主张，已经含有一种政治运动的意味，尚不自觉。"④

---

① 陈永阶编：《琼崖革命先驱者文集》，琼岛星火编辑部出版，1985 年版，第 29 页。
② 观点提炼主要来自两篇文章：杨善集的《再讨论品学与政治——答陈骏业君》（载《新琼崖评论》第 3 期）和《再同陈骏业君讨论品学与政治》（载《新琼崖评论》第 6 期），收录于陈永阶编：《琼崖革命先驱者文集》，琼岛星火编辑部出版，1985 年版，第 18—19 页、第 23—24 页。
③ 陈永阶编：《琼崖革命先驱者文集》，琼岛星火编辑部出版，1985 年版，第 18 页。
④ 陈永阶编：《琼崖革命先驱者文集》，琼岛星火编辑部出版，1985 年版，第 24 页。

其三，提纲挈领地总结了当前中国的社会与政治。现在中国的政治：外国资本家、帝国主义者和中国军阀互相勾结；现在中国的社会状况：农业经济破产，工业经济被抑制，失业者有增无已，土匪、军队、官吏等合伙掠夺平民；现在中国需要的政治：民族独立，政治经济独立，打倒军阀，打倒外国资本家、帝国主义者的民主政治。[①]

显然，关于"品学与政治"的争论，有效抨击了回避现实、脱离实际的政治观点，直接向民众揭示了当前中国所遭受的外国资本主义和封建主义双重压迫的社会现实，呼吁琼崖有识之士要秉承救亡图存的品学之志，投身实现"民族独立，政治经济独立，打倒军阀，打倒外国资本家帝国主义者的民主政治"。

最终，就如何实现当前中国所需要的政治，二者仍然各执己见。

尽管陈骏业所提倡的政治观点有一定道理，但其最大的弊端在于，未能清楚认识到当前中国革命最迫切的任务是推翻帝国主义和封建主义的双重压迫，未能认清符合中国实际的革命斗争方式是号召被压迫者走向联合。此时期，琼崖民众应该快速行动起来，联合一切被压迫阶级，一致对敌。在革命斗争中推进政治和社会变革，才是琼崖和中国革命的正途，而不是等待社会的人们有品学起来，无视当前反动者的政治罪恶，投身于社会革命以期改变政治，这无疑是企图回避现实问题的做法。

2. 关于救国论与革命论之争

在救亡图存的道路上，有志之士都在谋求救国之路，然而在陈说自己的救国主张时，往往会形成宣传效应，推至大众面前，容易引起大众

---

① 陈永阶编：《琼崖革命先驱者文集》，琼岛星火编辑部出版，1985 年版，第 24 页。

在认知和选择上的犹豫甚至混乱，《新琼崖评论》便承担了正向引导的作用。

　　《新琼崖评论》第 5 期刊载了署名为易君的文章《良心救国论与革命论》，文章描述了这一现象："在'民不聊生'的现代中国，自然产生了许多'有志之士'，要将救济中国的责任，放在自己底两肩上。在这班有志之士中间，显然有两种趋向：一种是良心救国论者；另一种是革命论者。"① 持"良心救国论"者，其主要观点包括：乐见英美等以慈善名义在琼崖创办教会学校；因痛恨现实政治和政客官僚，而选择闭门读书，绝口不谈政治，以保存其固有的"良心"和人格的青年；专注于教育有良心的青年而不屑于学校和讲堂之外的教育者；"愤世嫉俗"于社会现实却罔顾社会发展规律又无行动力的"良心家"。这些有"良心"者，对中国和琼崖革命毫无助力，因此，作者呼吁："现社会所需要的人，不是单怀着'良心'的人，而是有'良心'的革命家！'良心'……徒具有一副'良心'是不能救国的。必须要有革命的意志，认识革命的途径，采纳革命的主义，力行革命的政策，然后才能将中国从全世界帝国主义压迫之下解放出来。"②

　　此外，还有一种立足于"自己利害"的救国论，持有这种观点的还不在少数。这一群体是"头脑稍较纯洁和小富有革命性的青年"，表面上，他们以革命为己任，以推翻军阀统治为己任，但实际上，这一群人最大的特点是："他们虽晓得军阀是殃民的狼兽，非打倒军阀，人民

---

① 易君：《良心救国论与革命论》（1924 年 3 月 1 日），中共海南省委党史研究室编：《琼崖大革命史料选编》，1994 年，第 77 页。
② 易君：《良心救国论与革命论》（1924 年 3 月 1 日），中共海南省委党史研究室编：《琼崖大革命史料选编》，1994 年，第 79 页。

永远是得不着安乐；只是他们为自己利害起见将来或者也要讨军阀一碗饭吃，或站在军阀权势下沾点恩惠——遂露出一种军阀可恶，军阀也可畏的两头语来，使反对军阀者灰心。他们开口合口都是革命，但他们没能革命得一个腐败的份〔分〕子，且供反革命派的驱使和利用，而力为反革命派吹牛皮，助长反动的势力。"① 总体而言，只顾自己的利益而不分敌友，要严防有志青年受其误导而踏入"认友为敌""认敌为友"的境地。这一评论来自《新琼崖评论》第 7 期刊载的文章《谁是我们之敌?》，作者呼吁："我们不止只要辨清敌人，就友人也不可不认识。"问题关键便是：究竟谁是我们的友人呢？不是"装志行高洁的大人先生们"，不是"住洋楼，食西餐，吸吕宋烟，提士的资本家"，不是"高谈道〔礼〕义廉耻的教育〔者〕"，也不是"染有浓厚绅士派头的学生"，"我们至亲爱的永远好朋友，只有农民、工人和真能为革命助手的青年学生。因为农民、工人、学生本身多数是属在无产阶级"，因为"只有无产阶级的革命性，比任何阶级为丰饶为伟大；只有无产阶级为自身利害而奋斗的革命，比一般为人道为义愤基于伦理观念而革命的人要可靠要坚强"。②

基于上述原因，《新琼崖评论》着重对革命救国论进行宣传。在第 16 期评述和介绍《琼崖青年》和《琼崖新青年》两种期刊时，再一次写道：这些学习于南京和上海的青年切实在向军阀和帝国主义宣战，他们不主张"教育救国""实业救国""道德救国"，而是主张"农民工

---

① K. H：《谁是我们之敌?》（1924 年 4 月 4 日），中共海南省委党史研究室编：《琼崖大革命史料选编》，1994 年，第 112 页。

② K. H：《谁是我们之敌?》（1924 年 4 月 4 日），中共海南省委党史研究室编：《琼崖大革命史料选编》，1994 年，第 113 页。

人实行国民革命。对内谋政治自由，对外谋经济独立以救国。他们主张革命，不是单纯的局部革命，更不是利用军网土匪来靠命，而是主张联合全世界的无产阶级向国际帝国资本主义去革命"①。

3. 严厉抨击"新八股"式的言论

"新八股"的提法源于《新琼崖评论》第9期刊载的陈盖贤署名文章《琼崖学生应有的觉悟》："我们求学，第一要先认明我们求学的宗旨，宗旨既定。然后循应跑的路跑去，那末，才可以收得美满的效果，才不上新八股——陆达节、李开定等的当，才不受旧八股——韩卓秦等的毒。"② 这里提到了"新八股"和"旧八股"两个词汇，说明当时琼崖盛行的不当言论中存在这两种现象，并且产生了一定负面影响。

1924年，陆达节发表《琼崖六师十八周年纪念特刊》一文，引发广大知识分子的热议和讨论，有文章形容："这回朋友从琼崖方面寄来一份《琼崖六师十八周年纪念特刊》，那时许多朋友皆兴高彩〔采〕烈的去抢来看，看不到半刻，他们个个好像感着狂病起来，有的大呕特呕，有的笑到口不能开，有的掩着鼻子开步跑，有的击桌顿脚，……种种神情，应有尽有。"③ 由此可知，陆达节实是为学界所不容，因此形成了一系列批判性的讨论，主阵地仍然是《新琼崖评论》。

《新琼崖评论》对于陆达节观点的批判主要集中于以下几篇文章：洪剑雄的《请听陆达节的留声机》、丰仁的《读陆达节先生"本校十八

---

① 洪剑雄：《介绍新刊》（1924年8月16日），中共海南省委党史研究室编：《琼崖大革命史料选编》，1994年，第210页。
② 陈盖贤：《琼崖学生应有的觉悟》（1924年5月1日），中共海南省委党史研究室编：《琼崖大革命史料选编》，1994年，第140页。
③ 陈盖贤：《琼崖学生应有的觉悟》（1924年5月1日），中共海南省委党史研究室编：《琼崖大革命史料选编》，1994年，第141页。

周年纪念日敬告学生诸君"一文后》、陈盖贤的《琼崖学生应有的觉悟》等。

事实上，学者们的批判建立在当前学校教育宗旨的两个焦点之上："一、对在国家和团体，苟有帝国主义的人们压迫我们，我们是应当团结起来去抵抗他，推倒他。二、我们对在自己的学业，我们是应当切切实实去求那应付环境的本能——知识、技能——然后在社会上才有适当的生活。"① 这两个焦点符合中国和琼崖的实际，立足于学校人才培养的根本要求，着眼于强压之下学生生存和生活的根本需求。将国家现实、教育任务和学生需求相结合，是教育教学最朴素的办学宗旨。

然而，教育界要严防的便是"一任那新旧八股——陆达节、韩卓秦——的混蛋站在讲坛上指天画地，我们都不去管他，那末，将来我们免不掉一个新旧八股的替身呢"②，知识分子本应该有的觉悟是"以为凡是处在外国帝国主义及封建割据的军阀严重压迫下的——尤其是琼崖的——人民，无人不有杠陧不安之象，无人不晓得非反抗外国帝国主义以打倒军阀，是永难过安宁日子，此种觉悟，尤以知识阶级为先"③。因此，作为知识分子，广大青年当持此观点，这也是社会寄予青年的厚望。凡与此观点相左的言论，无疑是《新琼崖评论》抨击的对象。

立足于此，学者们重点对陆达节所持核心观点进行了猛烈批判。

洪剑雄在其文章《请听陆达节的留声机》中强调："陆氏虽孤僻成

---

① 陈盖贤：《琼崖学生应有的觉悟》（1924 年 5 月 1 日），中共海南省委党史研究室编：《琼崖大革命史料选编》，1994 年，第 140 页。
② 陈盖贤：《琼崖学生应有的觉悟》（1924 年 5 月 1 日），中共海南省委党史研究室编：《琼崖大革命史料选编》，1994 年，第 140 页。
③ 洪剑雄：《请听陆达节的留声机》（1924 年 4 月 16 日），中共海南省委党史研究室编：《琼崖大革命史料选编》，1994 年，第 114 页。

性，然仍是属知识阶级，这篇文章里面，至少也是敬告学生共谋解决时局纷争的方法，领导民众朝着生路跑；不然也是鼓励学生起来干救乡救国的运动，奋斗牺牲，解放自身被压迫的痛苦。"① 然而现实中，作为引领学生进步的教育者和知识分子却反其道而行之，陆达节通篇的发言中，"没有一句说出外国帝国资本主义侵略中国的阴险，而反咒骂学生过问外交、抵制劣货、暗击国贼、种种救国运动，是为不应当的事（陆氏大约不是外国种，何苦替外人这样出力）。没有一字是点着军阀害民的罪恶，而反诚恳地恭维反革命派的政客军人福国利民（闻陆氏平素狠讲气节，那知讲气节的人也滑头）。甚至轻看国庆日为'区区'，不关重要（陆氏除非外国人，不应藐视中华民国的国庆日，又除非反革命的帝制遗孽，不应仇视国庆底纪念日）。种种'一手掩尽天下目'的谬论，使我看着大觉头痛肉麻，故不得不出严词痛斥！"②

陆氏甚至还发表如下言论：

夫今日最足以危害诸君之学业者，果何事乎？即得已而不已之"救国运动"是矣。

"五四""六三"诸役，力争外交，培击国贼，其价值自是不可磨灭，大足以增荣史册。然天下事有利必有弊，……无事自扰，弃学而嬉，举世纷纷，闹个不休，……

……万望今后学者，既拼命而读书，尤当拼命而著述，……安

---

① 洪剑雄：《请听陆达节的留声机》（1924 年 4 月 16 日），中共海南省委党史研究室编：《琼崖大革命史料选编》，1994 年，第 114 页。

② 洪剑雄：《请听陆达节的留声机》（1924 年 4 月 16 日），中共海南省委党史研究室编：《琼崖大革命史料选编》1994 年，第 115 页。

知非异日一赫赫之大学问家乎!①

总而言之,陆达节的核心言论在于:"以为识时俊杰是不管国家危亡,只要能讲学明道,埋头伏案读书以从事于著述,则将来自成一个赫赫的大学问家。"

综观其发言内容和主旨,学者们真正担心的是:"琼崖受邓本殷闹的乱七八糟,怨声载道,没有一人不痛心疾首,怒气填胸;而陆氏一面去颂扬为邓氏走狗者能建大功,立伟业,有裨益于邦国,当再养学术界人才起来,'正人心','兴世道',以裨后世。大有得意洋洋感邓处长深恩厚惠之慨!他方面又劝学生不能谈政治,不要问外交,任军阀与外国人处置,这种'掩耳盗铃'的说话,何等滑稽!何等谎〔荒〕谬!"② 不难理解,陆达节观点遭抵制的最大原因是:作为教育界的代表人物,他在阐明其教育观点时,忽略了中国和琼崖所面临的帝国主义和军阀双重压迫的社会现实。在挽救民族危亡、实现民族独立的迫切需求下,急需青年勇立潮头、敢于牺牲,以极大的热情投身于国民革命之时,拼命著述、不问国事的学问脱离现实,缺少民族大义和爱国情怀的教育显然不利于学生的成长。

事实上,对陆达节观点的批判反映了大革命时期人们对于教育责任的思考。琼崖的改造和革命离不开教育,"教育虽然没有万能的作用,但总算是改造社会的工具,而且是改造社会最后的唯一工具"。对于大

---

① 陆达节的核心观点提炼于洪剑雄的《请听陆达节的留声机》,载《新琼崖评论》第8期。
② 洪剑雄:《请听陆达节的留声机》(1924年4月16日),中共海南省委党史研究室编:《琼崖大革命史料选编》,1994年,第119页。

革命时期的琼崖教师而言，其责任"不但应指导学生，发展固有的本能，且应外考世界的潮流，内察国势社会上之需要，以及了解人类生活的真相和个人与国家政治经济上的关系，去晓论学生。去勉励学生，努力奋斗到底，负起国民革命去反抗帝国资本主义的侵略，推倒军阀压迫的痛苦，这才不愧为教育界，才不负教师的重大责任"①。

（二）突出对中坚力量的组织和宣传

在呼吁青年学生、工人和农民等阶级联合斗争的基础上，《新琼崖评论》逐渐清晰了对革命主力——无产阶级的认识，并且展开对无产阶级革命性的宣传。

第一，关注对无产阶级主力及其革命性的宣传。

在《新琼崖评论》第5期刊载的《我们怎样去干琼崖革命?》一文中，洪剑雄写道："学生因为环境比一般无产阶级的劳动者好，所以很容易感觉到社会上的黑暗，而为社会牺牲"，学生革命工作的重要内容是"向无产阶级的劳动者去宣传主义"。尽管文中并未对"无产阶级"进行专门定义，但字里行间已经清晰界定了"无产阶级的劳动者"所指代的就是农工群体，原文如下："因为贫苦的农、工不解放，你们永不能过安全的生活。——所以你们要向无产阶级的劳动者去宣传主义先要自己组织起来，联络起来，同农、工各团体通力合作，竖起革命的鲜明旗帜，直向仇人身上扑去。"②

《新琼崖评论》第7期刊载的《谁是我们之敌?》一文强调："我们

---

① 劲选:《为劳动节日敬告琼崖工人书》（1924年5月1日），中共海南省委党史研究室编:《琼崖大革命史料选编》，1994年，第135页。

② 洪剑雄:《我们怎样去干琼崖革命?》（1924年3月1日），中共海南省委党史研究室编:《琼崖大革命史料选编》，1994年，第86页。

至亲爱的永远好朋友，只有农民、工人和真能为革命助手的青年学生。因为农民、工人、学生本身多数是属在无产阶级。"文章还特别强调："只有无产阶级的革命性，比任何阶级为丰饶为伟大；只有无产阶级为自身利害而奋斗的革命，比一般为人道为义愤基于伦理观念而革命的人要可靠要坚强。"① 此文是《新琼崖评论》中首篇提到无产阶级是革命主力军，无产阶级具有顽强革命性的文章。

《新琼崖评论》第 16 期刊载的《介绍新刊》一文，首次提到"全世界的无产阶级"。新刊《琼崖青年》和《琼崖新青年》的可贵之处在于，集中体现了这些在南京和上海学习的琼籍青年立志于琼崖革命的热情和他们对于琼崖革命的科学认识。他们主张"领导农民工人实行国民革命"，"主张革命，不是单纯的局部革命，更不是利用军阀土匪来靠命，而是主张联合全世界的无产阶级向国际帝国资本主义去革命"②。尽管《新琼崖评论》对于"无产阶级"一词的使用并不常见，但先进的知识分子已经清醒地认识到琼崖革命的关键就是依靠无产阶级的联合，同时，已经充分认识到琼崖革命属于中国革命的一部分，既是全民族革命的一部分，又是全世界无产阶级革命的一部分，而"全世界无产者联合起来"正是《共产党宣言》发出的最伟大的号召，这正是《新琼崖评论》所闪耀的马克思主义光辉之所在。

第二，重视对农民、工人和学生等无产阶级革命主力的引导和宣传。

通过宣传，引领更多具有革命性的人走上革命之路，是《新琼崖

---

① K. H：《谁是我们之敌？》（1924 年 4 月 4 日），中共海南省委党史研究室编：《琼崖大革命史料选编》，1994 年，第 113 页。

② 劲选：《为劳动节日敬告琼崖工人书》（1924 年 5 月 1 日），中共海南省委党史研究室编：《琼崖大革命史料选编》，1994 年，第 209 页。

评论》的宗旨所在。在《新琼崖评论》出版 10 期之际，洪剑雄撰写《〈新琼崖评论〉之回顾和希望》一文，指出该刊做到了引导"许多青年走上革命的轨道"，寻找到了"指导许多有革命性的人们"走上革命轨道的"一条最经济最有效力的途径"。通过《新琼崖评论》的宣传，"大家若果是真感觉到琼崖人民所受的痛苦，诚心想去除掉一切无理的压迫，把琼崖来重新改造，我们很希望大家一齐来帮助《新琼崖评论》，把这个小刊物播到民间去，深入琼崖民众的里面，越普遍越好"，大家共同"帮助琼崖人，帮助琼崖被压迫的民众去革命，解放一切的悲痛与耻辱"[①]。由此可知，《新琼崖评论》矢志不渝地通过宣传去引导更多琼崖民众投身革命，这是自创刊以来其最重要的使命和责任。

为实现壮大工农阶级的目的，《新琼崖评论》加大了对革命主力的宣传，希望实现农民、工人和有革命性的青年等无产阶级的真正联合。为此，《新琼崖评论》有针对性地发表了一系列文章，形成了一系列强有力的呼吁。

首先，工农阶级是最具革命性的阶级，是琼崖革命的希望。

洪剑雄在其文章《革命的群众》中强调，工农阶级是受压迫最重、人数最多、革命性最强的，即"革命既是为多数人所需要，因多数人的需要而才革命；则社会上最多数的人，是农民工人占重大的地位，故反革命的压迫与外资掠取，天灾流行，种种难堪的事，都落在农工们身上，所以他们很有革命的可能"。因此，琼崖革命工作要全面重视对工农阶级革命性的调动。

---

① 洪剑雄：《〈新琼崖评论〉之回顾和希望》（1924 年 5 月 24 日），中共海南省委党史研究室编：《琼崖大革命史料选编》，1994 年，第 160—161 页。

1925 年 2 月 25 日，据琼州通讯社报道，近日，琼山东山市匪徒二十余人，配枪抢劫农民租税，并掳掠农民十余人，数百农民兄弟群起反攻、同仇敌忾，将款项和被掳掠农民全部救回。此事件令人振奋！徐天柄发表文章《勇敢的琼崖农民》，称此事件可以很好地证明"人类最下层的农民阶级，革命性来得丰富而且坚强"，当前"半殖民地的中国国民革命，也只有靠他俩——工农阶级长大起来，领导各阶级势力，从事工作，才有解放的可能，才有完成的希望"①。不止于此，在《谁能负起改造琼崖的责任？》一文中，洪剑雄高呼："琼崖农民、侨工！只有你们的力量，才能够改造琼崖社会的制度，也只有你们挺身担负这改造的责任。"② 因此，要充分调动农民阶级和工人阶级投身革命的积极性，促使他们走向联合，使他们成为国民革命和无产阶级革命的主力军。

接下来，革命统战宣传工作的重点便是以共同的革命斗争目标促成工农阶级的团结和联合，从而推动工农阶级运动的发展壮大。洪剑雄的《"五一"劳动节敬告琼崖的农民》一文大力呼吁，处于社会底层的农民阶级唯一能做的就是快快团结起来，"一直反抗你们的敌人"，"打倒军阀官僚和帝国资本侵略者，以得到你们应享的条件！"③ 同期刊载的文章《为劳动节日敬告琼崖工人书》呼吁琼崖的劳工朋友们，"你们力量是非常强大的，总要你们大家联合起来呵！快快去直接运动呵"④。

---

① 徐天柄：《勇敢的琼崖农民》（1925 年 3 月），中共海南省委党史研究室编：《琼崖大革命史料选编》，1994 年，第 267 页。
② 洪剑雄：《谁能负起改造琼崖的责任？》（1924 年 8 月 1 日），中共海南省委党史研究室编：《琼崖大革命史料选编》，1994 年，第 208 页。
③ 洪剑雄：《"五一"劳动节敬告琼崖的农民》（1924 年 5 月 1 日），中共海南省委党史研究室编：《琼崖大革命史料选编》，1994 年，第 134 页。
④ 劲选：《为劳动节日敬告琼崖工人书》（1924 年 5 月 1 日），中共海南省委党史研究室编：《琼崖大革命史料选编》，1994 年，第 136 页。

采用什么样的方式推动工农阶级运动的发展壮大呢？在领导"驱邓运动"时，《新琼崖评论》曾发表评价："这种运动，凡属琼人稍有血气之伦，莫不表热烈的同情；我们要获得最小限度的自由——集会结社出版——以图国民运动尤其是工农阶级运动的扩大，而助中国革命工作底早日完成起见，自当表示赞同，并承认这种运动在中国国民党革命口号之下，是可以给军阀们一个大打击的。"① "集会结社出版"的自由，就其性质而言就是通过宣传走向联合，通过推动国民运动尤其是工农阶级运动，助力中国革命工作早日完成。

然而，革命需要军队，要引导和训练工农阶级，使其具备从事国民革命运动的素质和能力，进而成为真正的国民革命队伍。

在《新琼崖评论》第 19 期，洪剑雄发表文章《革命的群众》，特别强调由农工组成的革命军队最可靠："革命固要靠赖军队，只是我们所靠赖的是农民工人觉悟起来武装的军队，而不是像今日这类土匪式的军队吧。并且我们相信反抗外国帝国资本主义与军阀的军队，是要从受痛苦最深而又觉悟的农人工人中召〔招〕募来才可靠。"② 同时举证俄国革命"是最有觉悟的勇敢的工人领导的农民到前线去战争"，土耳其战胜希腊是因为"农民大批从军"，以此为鉴，中国革命最终取得胜利的关键就是要引导工农阶级参与革命斗争，建立可靠的革命队伍。而当前最要紧的事情便是，"在国民革命旗帜之下，组织琼崖民众，尤其是工农阶级，努力训练，使其成为真正革命的国民队伍，准备将来中国革命爆

---

① 新琼崖评论社：《读了旅京琼崖同乡会〈函告各地同乡〉之后》（1924 年 5 月 16 日），中共海南省委党史研究室编：《琼崖大革命史料选编》，1994 年，第 151—152 页。
② 洪剑雄：《革命的群众》（1924 年 12 月 16 日），中共海南省委党史研究室编：《琼崖大革命史料选编》，1994 年，第 227 页。

发时之大举，这乃是建筑在代表民众利益的基础上面的革命运动，有意义和价值的军事行动，而且是成功他的使命的光荣的革命事业"①。

其次，青年学生是革命工作的重要力量，承担了推动农工走向联合的统战宣传工作。

一是高声疾呼以学生为代表的琼崖青年要认清现实并勇于承担自己的革命责任。《新琼崖评论》第 11 期刊载徐天柄的《琼崖学生也要做救国运动？》一文，对青年发出呼吁："青年们啊！历史的事实已告诉我们，任何不革命的运动，都是消极的、不彻底的、死的、跑不通的道路。"② 许侠夫通过《我们现在怎样做学生》一文高声疾呼："青年学生们！我们应知道：中国的国民革命进程上，我们负有重大的使命。"对于琼崖革命而言，有觉悟的青年就是推翻军阀统治的重要力量，"他们（荒谬绝伦的绅士）最妒忌，最害怕的是有觉悟的青年。因为这般青年是要推倒他们，扫除扑灭他们"③。

二是青年学生要主动联合琼崖革命真正的势力——工农阶级。《琼崖学生也要做救国运动？》一文引导青年要认清，"国民的政治自由，就是扩大民众组织的动力，尤其是联合工农阶级而完成大规模组织的战斗力——因为他们是革命的真正势力——以打倒勾结列强的军阀政府，而建立国民政府"④。这是先进的知识分子对广大琼崖学生的号召，让

---

① 徐天柄：《军阀民军土匪混战与琼崖人民》（1924 年 9 月 16 日），中共海南省委党史研究室编：《琼崖大革命史料选编》，1994 年，第 217 页。

② 徐天柄：《琼崖学生也要做救国运动？》（1924 年 6 月 1 日），中共海南省委党史研究室编：《琼崖大革命史料选编》，1994 年，第 165 页。

③ 许侠夫：《我们现在怎样做学生》（1924 年 10 月 1 日），中共海南省委党史研究室编：《琼崖大革命史料选编》，1994 年，第 224 页。

④ 徐天柄：《琼崖学生也要做救国运动？》（1924 年 6 月 1 日），中共海南省委党史研究室编：《琼崖大革命史料选编》，1994 年，第 165 页。

青年学生明确地知悉当前革命真正的主力是工农阶级，呼吁青年学生要与工农阶级走向联合进而形成大规模的战斗力，才能真正打倒勾结列强的军阀，建立国民政府。

三是青年学生要主动承担组织、宣传和领导工农阶级参与革命的重任。面对"中国的革命，是还在宣传与组织的时期"的现实，面对"引导主力军——工农阶级——到革命旗帜之下"的革命任务，面对"我们的工农阶级，今日尚未完全醒觉和组织起来"的事实，借鉴"俄国革命的成功，大半是俄国青年学生一批一批到民间去活动的结果"的宝贵经验①，青年学生应该一批一批到民间去活动，积极主动地推进宣传和组织工作，真正唤醒工农民众，促成工农群众的联合。

再次，促成琼崖各界的联合，建立最广泛的革命联合战线。

《新琼崖评论》第12期至第15期连续刊发了徐成章的长文《十余年来琼崖革命运动的回顾及今后应取的方针》，文章总结了十余年来琼崖革命运动的经验，指出当下琼崖革命最需要的革命运动包括农民运动、学生运动、工人运动、士兵运动、华侨运动等，这也是琼崖核心的革命力量。因此，"集合全体的农工商各界，形成有组织，有纪律，精神统一，意志统一，声势浩大的革命力量。这才是革命当中最坚强最可靠的利器"。此后，动员琼崖广大民众联合起来，建立革命团体，对抗反动军阀的统治，实现琼崖之真正解放，成为《新琼崖评论》的宣传重点。比如，倡导海口商人欲解除自身痛苦，不能仅仅采取罢市的方式进行反抗，而是要"加入结合全琼崖农民、工人、华侨、学生、士兵

---

① 许侠夫：《我们现在怎样做学生》（1924年10月1日），中共海南省委党史研究室编：《琼崖大革命史料选编》，1994年，第224页。

的伟大革命团体，才有力量去解放邓氏压迫的可能"。又如，号召"我们被压迫的工人、农人、小商人、学生们呵！我们要得到真正幸福，非统统团结起来，以自身之力量，去拥护自身的利益不行"。再如，"要求民族的政治经济独立，须与全世界被压迫的弱小民族联合，组织武装民众的革命军（除旁的组织外），以打倒侵略中国的国际帝国主义——自然日本帝国主义也在内——的连锁，而造成自由独立的共和国家"。

（三）早期中国共产党人是《新琼崖评论》统战宣传工作的主要承担者

《十余年来琼崖革命运动的回顾及今后应取的方针》一文开宗明义地指出，国民革命"是建筑在民众利益基础的上面，除民众腐败恶劣的惯性，解放痛苦无理的压迫，使全民的利益幸福完全实现，这才是国民革命的真意义"。由此可知，国民革命的真正意义是建立在全体民众利益的基础上的，最终目的是实现全民的利益幸福。这一论断闪耀着马克思主义真理的光芒，展示了中国共产党人为赢得民族独立和人民解放而做出的努力。

徐成章 1923 年加入中国共产党，1924 年与共产党员杨善集等人联合创办了《新琼崖评论》，从事革命理论宣传工作。《新琼崖评论》也成为大革命时期琼崖统战宣传工作的重要阵地。利用这一平台，徐成章、杨善集、王器民、洪剑雄、徐天柄、周士第、王文明等早期中国共产党人发表了众多政论性文章，这些文章的核心内容之一便是促成农民、工人、华侨、学生、士兵等革命阶级的联合。毋庸置疑，为人类求解放一直是马克思主义的鲜明主题，马克思的"自由人的联合体"政治构想的完整表述是，"代替那存在着阶级和阶级对立的资产阶级旧社会的，将是这样一个联合体，在那里，每个人的自由发展是一切人的自由发展的条件"。因此，早期中国共产党人在宣传国民革命的意义时，也将全民利益幸福的实现作为奋斗的目标，农民、工人、华侨、学生、士兵各阶级的联合便是实现这一目标的基础。

《新琼崖评论》办刊期间始终贯穿着一条主线，即从突出对中国国民党改组内容的宣传，逐渐转向对中国革命问题的讨论。通览早期中国共产党人在《新琼崖评论》上所发表的文章，琼崖大革命时期革命工作遵循以下四个基本原则："然革命运动，原有宣传、组织、训练、领导四个步骤，为其基本运动的原则。任何革命的过程，都不能逃了这个公例，而于今尤烈。"①

在早期宣传阶段，《新琼崖评论》作出重要贡献。

对琼崖革命形势进行扩大宣传。目的是"使民众了解革命的意义，感觉自己的境况及国家的地位，而予以同情和赞助，至少要他站在中立地位而免趋于反革命的一途"②。

对琼崖革命的革命对象、革命任务、革命方式等内容进行集中宣传。目的是"集中群众的力量，扩大革命的战势"③，为琼崖革命赋予希望。

按照革命工作的四个基本原则，《新琼崖评论》的实际宣传工作也逐渐步入组织、训练和领导的环节。从此，中国共产党在革命工作中的

① K.H：《谁是我们之敌？》（1924年4月4日），中共海南省委党史研究室编：《琼崖大革命史料选编》，1994年，第110页。
② K.H：《谁是我们之敌？》（1924年4月4日），中共海南省委党史研究室编：《琼崖大革命史料选编》，1994年，第110页。
③ 徐天柄：《我们今后两个最重要的工作》（1925年2月1日），中共海南省委党史研究室编：《琼崖大革命史料选编》，1994年，第252页。

领导作用日益凸显。

为了完成宣传、组织和训练，进而建成真正的革命队伍，革命政党的领导便显得尤为重要。徐成章在其文章《琼侨同志今后所应取的方针》中指出："我们要知道，做革命的运动，事前必定有组织有纪律，完全以民众利益为基础的一个强有力的革命党，去指导革命的工作，使全体党员连接不断的为最穷苦民众的利益斗争"①，这里特别强调"完全以民众利益为基础"的强有力的革命党的重要性，其最重要的责任便是指导革命工作，率领全体党员不断为最穷苦民众的利益而斗争。代表最广大劳苦民众的利益，正是早期中国共产党人投身革命及推动国共合作最重要的前提和基础。

对于一个政党而言，最重要的便是这个政党所具有的革命精神，而革命精神的展现往往是基于革命的责任而言。大革命时期，革命党首要的责任便是"求图存，求救亡，为我们最需要的是有主义有组织有纪律有力量底民众大团结，去打倒两重的压迫——军阀和帝国主义"②。以此为前提，聚焦于作为革命党队伍中的同志在民众中间所要展现的革命精神，便是"革命党员为群众利益奋斗的精神"。这种精神"最要紧的是严厉律己，不为利诱，不为威胁，而且生活不能超过民众上面；其坚忍强毅的性格，尤其引起民众热烈的同情，亦可以表现自己重要地位；同时又能尊崇群性，牺牲个性，集合许多个性造成一个群性——

---

① 徐成章：《琼侨同志今后所应取的方针》（1924 年 10 月 1 日），中共海南省委党史研究室编：《琼崖大革命史料选编》，1994 年，第 219 页。

② 徐成章：《敬告琼崖同志》（1924 年 5 月 16 日），中共海南省委党史研究室编：《琼崖大革命史料选编》，1994 年，第 150 页。

党"①。尽管对于革命党及其精神的论述是基于国民党改组和国共合作，但"革命党员为群众利益"奋斗的精神，严于律己、不为利诱、不畏威胁、勇于牺牲的精神却是中国共产党人的精神写照。实践证明，中国共产党正是通过有主义、有组织、有纪律、有力量地率领民众，实现团结，才完成了救亡图存，即打倒军阀和推翻帝国主义的历史使命。

《新琼崖评论》是大革命时期由岛外琼籍先进青年创办的革命期刊，在当时出版的各类期刊中，《新琼崖评论》坚持的时间最长，影响也最为深远。自 1924 年 1 月 1 日创刊至 1925 年 5 月停刊，共出版 30期。《新琼崖评论》立足海南实际，分析问题；结合琼崖民众的认知特点，宣传革命思想，逐渐成为琼崖民众思想解放的精神旗帜。大批琼籍青年在其引领下接受革命思想，参加革命队伍，投身到如火如荼的革命斗争中，为马克思主义在琼崖的传播创造条件，为中共琼崖地方党组织的成立和发展打下坚实基础，而新琼崖评论社大部分成员后来也成为中共琼崖地方党组织的中坚力量。

---

① 　徐成章：《敬告琼崖同志》（1924 年 5 月 16 日），中共海南省委党史研究室编：《琼崖大革命史料选编》，1994 年，第 150 页。

第三章

省港大罢工时期统战宣传工作的发展

　　1925 年 5 月中旬,《新琼崖评论》停刊, 该刊在琼崖大革命时期的统战宣传工作中所作出的贡献是有目共睹的, 也为统战宣传工作积累了宝贵经验。1925 年 6 月, 规模宏大的省港大罢工爆发, 统战宣传工作迎来了重要的发展时期。

一、服务时局, 明确阶段性统战宣传工作的重点

　　琼崖革命同志大同盟建立后, 便承担起领导琼崖革命的重任。推动琼崖革命组织由分散走向联合, 成为此时期琼崖革命的显著特点, 这一特点也在此时期的统战宣传工作中得以显现。

(一) 以五卅惨案为核心的宣传工作及其特点

　　1925 年 5 月 15 日, 为抗议日商纱厂资本家撕毁与中国工人达成的协议, 共产党员顾正红为维护工人利益, 带头与工厂进行交涉, 遭到日本商人枪击,"身中四弹, 受重伤","同时中弹受伤者十余人, 捕房捕走 11 人"[①]。5 月 17 日,"顾正红医治无效, 于晨 7 时身死"[②]。5 月 30 日, 在中国共产党的领导下, 上海工人和学生进行街头宣传和示威游

---

　　① 韩信夫、姜克夫主编:《中华民国史·大事记》第 2 卷, 中华书局 2011 年版, 第 2207 页。
　　② 韩信夫、姜克夫主编:《中华民国史·大事记》第 2 卷, 中华书局 2011 年版, 第 2208 页。

行，租界英国巡捕突然开枪，打死学生、工人等13人，伤者不计其数，造成震惊中外的五卅惨案。当天，全国学生总会、上海学生会通电全国，报告五卅惨案经过，呼吁援助。当晚，中共中央决定"将斗争扩大到各阶级，形成广泛的反帝统一战线，号召上海人民实行罢工、罢课、罢市，反抗帝国主义暴行"①。

1925年6月1日，在共产党人蔡和森、李立三、刘少奇等的领导下，上海总工会宣告成立。在上海总工会、上海学生联合会、各马路商界联合会的共同倡导下，爱国工人、学生和商人组成工商学联合会，提出惩办凶手、取消领事裁判权、废除英日对中国一切不平等条约等17项交涉条件。

1925年6月5日，中共中央发表《中国共产党为反抗帝国主义野蛮残暴的大屠杀告全国民众书》，指出五卅惨案"起于日本帝国主义向中国民族运动的主力军——工人阶级——进攻，而成于英帝国主义对援助工人的民族运动的铁血镇压"，号召全国被压迫民众团结起来，反抗野蛮的大屠杀，将斗争坚持到底，并在斗争中促成反帝国主义统一战线的建立。随后，北京、南京、汉口、广州、青岛、天津、重庆、长沙等地民众积极声援上海的爱国运动，通过游行示威、罢工、罢课、罢市以及通电、捐款等方式积极响应，形成了大规模的反帝运动，揭开了大革命高潮的序幕。在此次大规模的反帝运动中，宣传工作呈现以下鲜明特点：一是中国共产党始终代表最广大人民的利益，站在斗争的前列，明确斗争目标、斗争任务，推动反帝爱国运动持续发展；二是建立革命组织，促成工人、学生和商人的联合；三是采用发布声明、决议，组

---

① 韩信夫、姜克夫主编：《中华民国史·大事记》第2卷，中华书局2011年版，第2216页。

织游行示威、罢工、罢课、罢市等方式扩大宣传，形成全国规模的联合响应。

琼崖民众对于五卅惨案的宣传和应援工作，始终以中国共产党发布的各项号召和决议为根本指导。

首先，为了声援上海的反帝爱国运动，琼崖尤其是府海地区的爱国工人、学生、商人及其他各界同人率先集会，发出反对帝国主义的斗争宣言。之后，通过大规模游行、高呼反帝口号、张贴标语、散发传单、演讲等方式揭露帝国主义的残暴行径，在琼崖各界燃起了反帝爱国的热潮，为全琼声援和参与省港大罢工奠定了舆论基础。

其次，自琼崖革命同志大同盟成立后，琼崖地区的宣传和革命斗争工作呈现出鲜明的组织性，即针对某一事件成立专门的组织，如琼崖反对借款救亡团。这类组织的斗争对象、斗争方式、斗争目标明确，可以起到较好的组织和领导作用。

为了有组织有计划地开展反帝爱国运动，府海地区的爱国工人、学生、商人及其他各界同人在运动中自觉联合，先后成立了琼崖各界五卅惨案后援会、琼崖各界五卅惨案暨省港罢工后援会等组织，这些组织纷纷召开大会，发布各自的斗争宣言或策略，成为琼崖地区反帝爱国运动的重要领导力量。

琼崖各界五卅惨案后援会发表《援助沪案宣言》：

严惩凶手，抚恤死伤；英日两国应向我政府及死伤家属道歉；赔偿损失；撤换英日及各关系国之驻华公使；收回领事裁判权和租界。表示誓死力争，不达目的不容少懈。①

琼崖各界五卅惨案暨省港罢工后援会呼吁全体同胞实行"八不"：

> 不在英国人的家庭、商店、工厂里做工；不用英国钞票，不在
> 英国银行存钱；不买英国货，不装英国船，不在英国公司买保险；
> 不在英国船上当水手、火夫和任何职工；不乘英国船及汽车、电
> 车；不在英国人办的学校读书；不用英国律师、会计师、医生、工
> 程师及工人；不把中国货卖给英国人等。②

为了声援五卅爱国运动和省港大罢工而成立的琼崖各界五卅惨案后
援会、琼崖各界五卅惨案暨省港罢工后援会，一经成立便主导和发动了
全琼的罢工、罢课和罢市运动，并在运动中揭露帝国主义列强屠杀中国
人民的卑劣行径，促进全琼的觉醒，激发民众的爱国热情。同时，注重
"三罢"运动的目的性，《援助沪案宣言》提出诸如严惩凶手、抚恤烈
士的斗争目标，具体包括要求英日向我国政府和受害者家属道歉、赔
偿，撤换各国驻华公使，收回领事裁判权和租界，等等。广州沙基惨案
爆发后，激起琼崖民众的愤慨，琼崖各界五卅惨案暨省港罢工后援会号
召琼崖民众用实际行动反抗帝国主义。对于琼崖各界民众而言，斗争具
有了可行性。

---

① 松云：《敬告参与爱国运动的琼崖学生们》，中共海南省委党史研究室编：《琼崖大
革命史料选编》，1994 年，第 366 页。
② 《琼崖全属学生联合会印发的传单：抵制英国人的正当方法》，中共海南省委党史研
究室编：《琼崖大革命史料选编》，1994 年，第 332 页。

再次，通过发布"快邮代电"、印发传单、发表文章等方式，揭露上海和广州地区帝国主义列强屠杀中国人民的罪行，纪念在斗争中英勇牺牲的革命烈士，唤起民众的爱国热情。

1925年12月，琼崖援助沪案公民大会印发了系列传单，让广大民众了解沪案。

第一类传单的内容是细述沪案中帝国主义列强的累累罪行，并号召民众誓死力争。为此，先后发布《沪案之中国不幸》和《同胞快起!》。

《沪案之中国不幸》："（一）惨杀工人十余名。（二）捕去学生四十余名，当场击毙六名，重伤者十余名。（三）租界西捕，屠杀五日，路人死伤枕藉。（四）解散中国学校五所。（五）外部提出质问，领事团反归咎于巡行之学生。外人以此等凶横手段，加我中国，实属灭绝公理，惨无人道，是可忍，孰不可忍？"①

《同胞快起!》："此次日人，惨杀华工，凡属同胞，莫不愤激，沪上学界力争，事属正当。而凶横西捕，竟敢开枪屠杀，大戮五日，沪江水赤！呜呼！亡国之惨，都不过是。同胞快起！誓死力争！"②

第二类传单的内容是重诉斗争的目的，主要见于传单《我们同胞应誓死力争之条件》。

---

① 《琼崖援助沪案公民大会印发的传单：沪案之中国不幸》，中共海南省委党史研究室编：《琼崖大革命史料选编》，1994年，第368页。
② 《琼崖援助沪案公民大会印发的传单：同胞快起!》，中共海南省委党史研究室编：《琼崖大革命史料选编》，1994年，第369页。

（一）严惩凶手；抚恤死伤。（二）英日两国，应向我政府及死伤家属道歉。（三）赔偿损失。（四）撤换英日及各关系国之驻华公使。（五）收回领事裁判权及租界。以上条件，我们同胞，应一致罢工罢市，誓死力争，不达目的，不容少懈。①

《我们同胞应誓死力争之条件》除复述《援助沪案宣言》的内容外，特别强调"以上条件，我们同胞，应一致罢工罢市"，也就是明确要求采用罢工、罢市的运动方式去誓死力争。从沪案的发展趋势来看，之所以重诉斗争的目的，无疑是因为民众提出的条件并未实现。

第三类传单的内容是关于指导民众在具体的斗争过程中应采用的方式，详见《抵制！援助！》。

沪案发生，当地士子，已先后为爱国而流血；凡我同胞，义难坐视。援助办法，只有：一、凡同胞与仇国合作者，当一致辞退职工。二、宣誓一致抵仇货。三、联合全国同胞，为外交后盾。不达目的，誓死坚持！②

第四类传单的内容是表达斗争的决心，详见《誓！一致发誓！》。

---

① 《琼崖援助沪案公民大会印发的传单：我们同胞应誓死力争之条件》，中共海南省委党史研究室编：《琼崖大革命史料选编》，1994年，第366页。
② 《琼崖援助沪案公民大会印发的传单：抵制！援助！》，中共海南省委党史研究室编：《琼崖大革命史料选编》，1994年，第367页。

虐我民族，辱我团体，是谓仇国。待我无理，死我非命，是谓
奇耻。仇国不歼，何以为国？奇耻不雪，何以为人？[①]

1925 年 9 月 15 日，由美、英、日代表组成沪案司法调查委员会，
启动对五卅惨案的复查工作，"三国司法重查于 10 月 28 日结束，但到
12 月 23 日，使团才将三国调查报告发表。同日，上海工部局总董致函
上海领袖领事，谓已经核准总巡麦高云、捕头爱活生辞职，即日停止职
务，并要其转交上海交涉员许沅一张 75000 元的支票，作为对五卅死伤
的抚恤。但外交部令许沅将支票退回。此后，沪案交涉就被上海会审公
廊和工部局行政组织交涉所掩盖替代，与沪案之直接相关问题，遂成悬
案"[②]。不过，在中国共产党的指导下，在琼崖援助沪案公民大会等组
织的领导下，琼崖民众从未停止过对沪案的声援和斗争，并将宣传和斗
争工作与省港大罢工密切结合，在琼崖大地热烈铺开。

琼崖全属学生联合会于 1926 年 6 月 11 日发布《琼崖全属学生联合
会为"五卅"惨案发出的"快邮代电"》，强调：

敝会同人，惊霾耗之南来，痛同胞之惨死，除鼓吹民众觉悟救
国外，用特电闻，望各界同胞，群起力争，一致奋斗，以取消不平
等条约，收回租界，严惩首凶，优恤烈士为目的。敝会同人，愿牺

---

① 《琼崖援助沪案公民大会印发的传单：誓！一致发誓！》，中共海南省委党史研究室
编：《琼崖大革命史料选编》，1994 年，第 370 页。
② 洪振强：《公理与法理的较量：1925 年沪案交涉失败原因再思考》，《近代史学刊》
2009 年第 1 期。

牲一切，以为后盾。①

琼崖农工商学各界于 1926 年 6 月 14 日发布宣言，旨在：

> 同人等聆悉之下，同深悲愤，望全国各界共商对付方法，坚持
> 到底，以雪国仇，同人等誓为后盾，谨此宣言。②

值得一提的是，梁启超等人发表关于五卅事件的宣言时说："中国
的情形与几十年前已经不同了……普通知识标准，比较以前已增高了许
多。外国和在中国的外国人二十年前可以自由处分的事件，在现在不能
不问问本地有关系的中国人意见和中国的全体舆论。……纵然不为公
理，至少为目前的利害起见……应该要想法子了解中国人民的观点，与
他们有影响的事件，至少要问问他们的利益。"③ 由五卅惨案所引发的
大规模的爱国运动是中华民族觉醒的集中体现，在这一过程中提出的诸
如废除一切不平等条约、收回领事裁判权及租界等条件，正是中国人民
为维护民族尊严、赢得独立和平等而进行的无畏斗争。显然，琼崖大地
对于五卅惨案的声援是引领琼崖民众为维护中华民族尊严所进行的英勇
斗争，对于相对闭塞的琼崖大地而言，真正发挥了舆论对意识形态的引
领作用。

---

① 《琼崖全属学生联合会为"五卅"惨案发出的"快邮代电"》，中共海南省委党史
　研究室编：《琼崖大革命史料选编》，1994 年，第 325 页。
② 《琼崖农工商学各届宣言》，中共海南省委党史研究室编：《琼崖大革命史料选编》，
　1994 年，第 326 页。
③ 《梁启超等宣言》，《东方杂志》第 22 卷。

五卅运动期间，琼崖开展的统战宣传工作始终以中国共产党发布的号召和决议为指导，立足于建立革命统一战线，通过有组织有计划的"三罢"及其他形式的运动，推进对五卅运动的宣传和声援。同时，呈现出琼崖统战宣传工作的特点：琼崖统战宣传工作服务于时政，以沪案发展进程为依据，适时地掀起大规模的宣传活动，以"快邮代电"、宣言、传单和文章的方式揭露五卅惨案的实质、沪案解决的关键、所要坚守的利益底线和打倒帝国主义的历史使命，扎实有效地推进此时期统战宣传工作的发展。

（二）以省港大罢工为核心的宣传工作及其特点

1925 年 6 月 19 日，蔡廷干、郑谦、曾宗鉴公布沪案交涉经过，宣布"是与我所抱之方针，完全抵触，因此谈判宣告停顿"[1]，沪案最终因六国驻京公使代表委员的离沪而陷入争执无果的境地。沪案尚未获得实质性解决，又发生了"英商太古、渣甸轮船公司奉令解雇华籍船员，并拘捕船员百余人"的事件，"龙华、金山等轮抵港，船上海员遂宣布一致罢工离船，打响省港工人罢工第一炮"[2]。此后，香港工商界数万人为援助沪案，一致罢工。6 月 21 日，全港工团委员会发表罢工宣言："香港 50 万华工痛念沪、汉等地同胞横遭惨杀，决议与上海等地取同一态度，一致行动。非俟上海工商学联合会所提之要求条约完全达到，决不中止对帝国主义之反抗运动。"[3] 23 日，广州地区的工人、农民、学生和商人等举行大规模的游行示威，行至沙基时，"对岸沙面英、法等国外兵，突向稠密人群开枪射击，继以机关枪扫射。白鹅潭内之英、法

---

① 韩信夫、姜克夫主编：《中华民国史·大事记》第 4 卷，中华书局 2011 年版，第 2240 页。
② 韩信夫、姜克夫主编：《中华民国史·大事记》第 4 卷，中华书局 2011 年版，第 2241 页。
③ 韩信夫、姜克夫主编：《中华民国史·大事记》第 4 卷，中华书局 2011 年版，第 2242 页。

等国军舰亦发炮助击，当场击毙、击伤游行群众及围观群众百余人。后据沙基惨案调查委员会报告，此案死 52 人，伤 117 人"①，此为震惊中外的"沙基惨案"。

沙基惨案令全琼震惊。琼崖爱国工人、学生和社会各界汲取全国大规模反帝运动的宣传和斗争经验，在琼崖全境掀起了轰轰烈烈的声援运动。府海地区的工人、学生和社会各界立刻举行集会，汲取声援五卅运动的经验，组织大规模的示威游行，除了高呼反帝口号、发布传单、张贴标语的常规宣传外，愤怒的群众还包围了帝国主义在府海地区的文化机关和领事馆。随后，成立了琼崖各界五卅惨案暨省港罢工后援会，不仅发动全琼的罢工、罢课和罢市斗争，而且发出号召的指向性更强，即前文所述的"八不"号召，这成为声援反帝运动颇具实践性的号召。针对沙基惨案发布的电文和传单包括：琼州援助"五卅"团率先印发传单，详细描述了沙基惨案的经过，重点揭露英国人为了制造沙基惨案，于惨案发生的 2 天前便开始以保护外侨的名义调动兵舰，并发布密令让居于广州的英日居民迁入沙面地区，将游行民众视作蝼蚁，乱枪击杀。传单还指出，1914 年奥塞两国因谋杀一人而引起世界公愤，对沙基惨案却置若罔闻，在不公平的待遇面前，"惟望我国民族，当即快起，先行自求解放，使世界列强，助我为公理而力争"。呼吁琼崖同胞："你虽不能武装备敌，亦当实行经济绝交，为国中同胞后盾。此不惟为国家之前途计。亦你们自身及子孙万世之幸福计耳。"②

---

① 韩信夫、姜克夫主编：《中华民国史·大事记》第 4 卷，中华书局 2011 年版，第 2244 页。
② 《琼州援助"五卅"团印发的传单》，中共海南省委党史研究室编：《琼崖大革命史料选编》，1994 年，第 328—329 页。

1925 年 7 月 1 日,《琼崖全属学生联合会为广州沙基惨案印发的传单》提纲挈领地再述了沙基惨案的实情。原文如下:

六月二十三日,广州工人、农民、商民、男女学生等,为援助沪案,举行示威大运动,巡至沙面时,英兵竟开放机关枪对巡行队扫射,计死者二百余人,伤者数百人。白鹅潭内之外国兵舰亦开枪轰击。呜呼!沪汉青浔之流血未乾〔干〕,而帝国主义者又大施屠杀吾人在此青天白日之下。世界尤有所谓公理所谓人道者乎?吾亲爱之同胞其速醒!①

1925 年 7 月 3 日,琼崖全属学生联合会再次印发传单《英国人在中国之八大罪案》:

一、输入鸦片烟,流毒遍中国。二、割夺我香港,灭我藩属缅甸,侵我西藏。三、逼开租界,逼设会审公堂。四、首先强迫中国承认领事裁权。五、勒索赔款,掠夺中国海关管理〔判〕权。六、限制中国海关税则,损坏我国财源。七、欺压沙面工人。八、此次又在上海汉口广州枪杀中国爱国之学生工人。②

1925 年 7 月 4 日,琼崖全属学生联合会印发传单《抵制英国人的

---

① 《琼崖全属学生联合会为广州沙基惨案印发的传单》,中共海南省委党史研究室编:《琼崖大革命史料选编》,1994 年,第 330 页。
② 《琼崖全属学生联合会印发的传单:英国人在中国之八大罪案》,中共海南省委党史研究室编:《琼崖大革命史料选编》,1994 年,第 331 页。

正当方法》:

> 愿同胞一致实行！不在英国人的家庭、商店、工厂内作工。不用英国钞票，不在英国银行存款。不买英国货，不装英国船，不在英国公司买保险。不在英国船上当水手、火夫及任何职工。不乘英国船及汽车、电车。不在英国人办的学校内读书。不用英国律师、会计师、学生、工程师及工人。不把中国货物卖给英国人。（注意）此时在中国领土内、切勿打骂英国人。①

这则传单的内容以"八不"为依据。文末强调，在中国领土内"切勿打骂英国人"，引导琼崖民众在联合抵制英国人，发挥民众力量的同时，避免肢体冲突，保护老百姓的人身安全。

1925 年 7 月 13 日，琼崖全属学生联合会追加传单《我们的要求》：

> 取消一切不平等条约，取回租借地，取消领事裁判权，撤退中国境内外兵和外舰并永远不准入口，惩办肇事国凶手，肇事国赔偿我国的损失，肇事国向我国政府道歉并保证永远不再发生此等事件。②

琼崖全属学生联合会将沙基惨案的实际情况、英国人的罪行、抵制

---

① 《琼崖全属学生联合会印发的传单：抵制英国人的正当方法》，中共海南省委党史研究室编：《琼崖大革命史料选编》，1994 年，第 332 页。
② 《琼崖全属学生联合会印发的传单：我们的要求》，中共海南省委党史研究室编：《琼崖大革命史料选编》，1994 年，第 333 页。

英国的方法和我们要达到的预期目标均通过散发传单的方式进行了系统宣传，具有一定的指向性、目的性和实践性，诚如文章《敬告参与爱国运动的琼崖学生们》所言，青年学生群体要担起指导革命的责任。琼崖全属学生联合会在省港大罢工时期确实起到了重要的宣传和指导作用。

除此之外，爱国知识分子通过发表文章的方式阐明观点，对此时革命所取得的成就进行肯定，同时提出当前革命斗争中存在的问题，并对未来革命形势的发展和斗争的方式方法提出宝贵意见，这些文章为爱国斗争提供了理性而科学的指导。

1. 鼓励学生深入民间，做好最广泛的宣传工作

《敬告参与爱国运动的琼崖学生们》指出，当前琼崖的学生们所呈现出的蓬勃的革命热情、热烈的斗争精神是值得我们敬佩的，但作为知识分子的学生要真正承担起指导革命的责任，就要认识到"要实行民族革命，打倒一切帝国主义，决非一部分人，或一阶级人所能奏效的，必须全体民众觉悟起来，共同联合到民族革命的火线上去，才可以成功的"。因此，一定要使全体民众觉醒起来。要达到这个目的，"那一定是要到民间去宣传，把帝国主义的罪恶，赤裸裸地表露出来，使民众认识我们的敌人——一切帝国主义——之凶暴阴险，除共同团结起来反抗之外，实在再无生存之理。这样继续做去，那末，帝国主义的推倒，决非难事"①。

由此可知，当前革命斗争最现实和有效的工作便是到民间去宣传，

---

① 松云：《敬告参与爱国运动的琼崖学生们》，中共海南省委党史研究室编：《琼崖大革命史料选编》，1994年，第334—335页。

而学生相较于"坐在办公室的先生们""领着巨额薪水的编辑们""遵从国际信条的外交家、政治家们",无疑是最合适的宣传主体。"在这时期中,诸君能在各市镇乡村间演讲,或设立平民学校,把帝国主义如何行经济侵略,使我利权外溢,致民不聊生;如何团结军阀,使国内延长祸乱,而彼从中取利,致岁无宁日,十四年来,全国无一片净土。使民众明瞭我们的痛苦,完全是帝国主义给与我们的。"① 牢牢记着孙中山"唤起民众"的遗训,有组织有计划地到民间去宣传,团结最广大的人民群众,同帝国主义开展广泛而持久的斗争。

2. 要全面认清帝国主义的侵略野心

早期中国共产党人王文明在《工人之路》第 27 期发表《我们应认清美帝国主义侵略中国的野心》,文章写道:"帝国主义者侵略中国的政策,除了武力侵略以外,还有经济侵略、文化侵略。"② 经历了前文所述冯卓支被杀案所引发的邓本殷借款案、五卅惨案、沙基惨案,琼崖人民在斗争的过程中能够清楚地意识到帝国主义对琼崖的武力侵略和经济侵略,然而事态发展的形势是:"美帝国主义者现在侵略中国尤为特别注意者,这次对于琼崖嘉积美教士被杀案,据确实报告,'美帝国主义者利用邓贼本殷勒琼东赔款三万元外,又割让嘉积北门福音堂前面公路给与美帝国主义者'。本来这条公路,是嘉积市民出入的要道,今竟被美国帝国主义者占为己有,禁止行人,这种得寸进尺的侵略手段,比

---

① 松云:《敬告参与爱国运动的琼崖学生们》,中共海南省委党史研究室编:《琼崖大革命史料选编》,1994 年,第 335 页。
② 王文明:《我们应认清美帝国主义侵略中国的野心》,中共海南省委党史研究室编:《琼崖大革命史料选编》,1994 年,第 337 页。

较英日法帝国主义者这次以枪炮扫射吾人还要厉害。"① 与英日法帝国主义的武力侵略相比，美国更关注文化侵略和经济侵略所带来的实际效益，通过获得赔款和割让公路方式捞到长久的实惠，以达到其长期侵略和控制中国的目的，这无疑是侵略中国的最险恶的用心。因此，王文明在文章中强调："我们要遵照孙中山先生遗嘱，以'打倒一切帝国主义 取消一切不平等条约'的态度，来对付英日法美等帝国主义者，那班主张'单独对英'、'除去美国'，是要为美国掩恶，助长美国帝国主义者的侵略性，继续横暴的英帝国主义者来侵略中国，以延长中国的乱源的，这种错误之点，我们应该注意的。"②

二、先进知识分子成为统战宣传工作的主力

琼崖先进的知识分子始终关注琼崖革命的发展，将斗争的号角吹响在琼崖大地。他们在论述琼崖社会纷乱的根本原因时更加客观全面，既对盘踞于琼崖的以邓本殷为首的军阀的反革命罪行进行揭露，又关注军阀走狗危害琼崖的现实，还对资产阶级的本质进行揭露。

（一）揭露邓本殷"输诚"实质

一直以来，邓本殷所盘踞的南路、琼崖地区都是实现广东统一的严重障碍。1925 年 9 月，广州国民政府按"肃清东江，后再扫平南路"的原定计划，进行第二次东征，"到了革命军由东江凯旋后，便向左转振旅南征，所到无敌，节节胜利，捷报之声频闻"之际，正值"邓逆

---

① 王文明：《我们应认清美帝国主义侵略中国的野心》，中共海南省委党史研究室编：《琼崖大革命史料选编》，1994 年，第 338 页。

② 王文明：《我们应认清美帝国主义侵略中国的野心》，中共海南省委党史研究室编：《琼崖大革命史料选编》，1994 年，第 338 页。

本殷被革命军进攻，已将南路各属克复了大半，不日便直捣琼崖，邓逆自知将无容身之地，弄得足乱手忙，不寒而栗的样子；于是就马上派邓良材（湖南人）为代表，向革命军第二军长谭廷团转请政府收编"①。先进的知识分子不仅关注此事，而且发表文章揭露其本质。

《革命化》第 2 期刊载了署名为太焱的文章《南路胜利与邓逆输诚》，文章言："当着革命南下之时，我老早和朋辈谈及，说邓逆到势不支时，必佯向政府投诚，以苟延残喘，重演我们所说司空见惯的把戏。"② 在分析邓本殷会上演"投诚"戏码时强调，这是"输诈"而非"输诚"的诡诈伎俩，同时详细列举了邓本殷的罪行以作为"反邓贼请政府收编的资料"。《革命化》第 2 期还刊载了署名为兰阶的文章《反对邓本殷请政府收编》，文章共列举了割裂分赃、输械助匪、购械招兵、勒令筹饷、谄媚洋人、烟赌横行、奴性借款、投降北廷、杀害学生、迫害罢工、造伪币乱金融等 10 多项邓本殷的罪行，其罪行"无可讳言，神人之所共嫉，天地之所不容；凶顽成性，还望其能觉悟回头？望我廉洁政府以民生为前提、反此者概拒绝之，幸甚"③。

（二）揭露军阀走狗的罪恶

一直以来，以邓本殷为首的军阀统治是造成琼崖民不聊生的根源，"邓贼本殷因为想做大军阀，发洋财，逛汽车，住洋楼，讨姨太，以遂其欲望，乃不惜丧失国体，鱼肉人民，接济香港，私借外债，勒种鸦

---

① 兰阶：《反对邓本殷请政府收编》，中共海南省委党史研究室编：《琼崖大革命史料选编》，1994 年，第 354 页。

② 太焱：《南路胜利与邓逆输诚》，中共海南省委党史研究室编：《琼崖大革命史料选编》，1994 年，第 352 页。

③ 兰阶：《反对邓本殷请政府收编》，中共海南省委党史研究室编：《琼崖大革命史料选编》，1994 年，第 357 页。

片，强派军饷，铸造假银，滥发假币，预收钱棉，大开赌博，以及苛〔课〕以人头税、祠堂捐等"①，最终导致琼崖地区"兵匪猖獗、商旅裹足，农民辍耕，工人失业，教育停顿，青年失学"②。然而，琼崖非邓本殷一己之力拖垮的，其身边围绕"一般号为社会才智者流，不为弥缝匡救，已难逃责备，乃竞相助桀为虐，诚令人百思不获其解者矣"③。这便揭露了这一群体的实质，即竞相助纣为虐的军阀走狗，他们"反为军阀所诱，不顾倾家荡产，以希冀尝其为司令营长之滋味，藉以眩〔炫〕耀闾里而涂炭桑梓"④，是扰乱琼崖社会安定的重要因素。

早期海口埠便出现了甘当邓本殷走狗的商人，"惟海口埠的商人，并没有说过一句公道话；有时还通电代邓氏回避，成为邓氏走狗，其卑鄙无耻的下流商人，在琼崖民众间已痛恶极了"⑤；又有"助纣为虐"的鹰狗县长、"奴颜婢膝"成性恶劣的县长，俯首帖耳、争先邀宠是其本能，其中的典型便是"丧心病狂的琼山人吴安邦，凭仗邓本殷的淫威暴力，以善于筹饷取悦邓氏，得继续握掌琼山政权、掳勒掠夺、屠杀无辜，更令人怒发上指"⑥；又如趋炎附势的"学阀教匪"，推波助澜，"造成黑暗残酷的无情社会，诱导一般可敬可爱而志气未定的青年们，

① 《第四军政治部敬告琼崖同胞书》，中共海南省委党史研究室编：《琼崖大革命史料选编》，1994年，第371页。
② 《琼山青年同志会成立宣言》，中共海南省委党史研究室编：《琼崖大革命史料选编》，1994年，第360页。
③ 吴成开：《琼崖社会扰乱之原因》，中共海南省委党史研究室编：《琼崖大革命史料选编》，1994年，第359页。
④ 吴成开：《琼崖社会扰乱之原因》，中共海南省委党史研究室编：《琼崖大革命史料选编》，1994年，第359页。
⑤ 徐成章：《海口商人也要罢市吗》，中共海南省委党史研究室编：《琼崖大革命史料选编》，1994年，第231—232页。
⑥ 《琼山青年同志会成立宣言》，中共海南省委党史研究室编：《琼崖大革命史料选编》，1994年，第360页。

群趋于邓逆旗帜下，他们又为邓逆筹款编军，为虎作伥"①，早期有"一面去颂扬为邓氏走狗者能建大功，立伟业，……又劝学生不能谈政治，不要问外交，任军阀与外国人处置"②的陆达节，之后有钟衍林，"陈丹书为邓逆最著名走狗，钟氏不惜于琼城学生运动大会之日，阻止学生运动，操演童子军以资陈氏检阅，面示献媚"③，后期有"吴安邦等封建官僚勾结在一起的学阀李开定"④；等等，可以说这些政客、土豪、劣绅、学者和商人"甘心地去做邓氏的小奴才与小百姓为敌"⑤。因此，"自邓贼本殷盘踞以来，任意挑残草菅人命，种种惨〔残〕酷无所不为，千万罪恶罄竹难书。揆厥原因，均由于吾军阀、政阀、学阀为之走狗助纣为虐引虎进狼"⑥。

因此，在革命口号或标语中，必见如下内容：

打倒帝国主义的走狗土匪头邓本殷！

打倒邓本殷的一切走狗！

---

① 《琼山青年同志会成立宣言》，中共海南省委党史研究室编：《琼崖大革命史料选编》，1994 年，第 360 页。

② 洪剑雄：《请听陆达节的留声机》，中共海南省委党史研究室编：《琼崖大革命史料选编》，1994 年，第 119 页。

③ 《琼崖全属学生联合会改组代表大会驱逐钟衍林宣言》，中共海南省委党史研究室编：《琼崖大革命史料选编》，1994 年，第 446 页。

④ 马白山：《大革命前后府海地区的学生运动》，中共海南省委党史研究室编：《琼崖大革命史料选编》，1994 年，第 595 页。

⑤ 洪剑雄：《琼崖的教育不是算落后呵》，中共海南省委党史研究室编：《琼崖大革命史料选编》，1994 年，第 193 页。

⑥ 《警告琼崖军政学各界书》，中共海南省委党史研究室编：《琼崖大革命史料选编》，1994 年，第 309 页。

（三）揭露资产阶级的本质

1925 年 11 月 2 日，《革命化》发表吴成开的文章《琼崖社会扰乱之原因》，从经济和社会阶级角度对琼崖社会现状进行分析，强调："今日琼崖社会受祸之至惨至酷者，夫人莫不曰土匪先生之赐也。然而扰乱社会者土匪，产生土匪者社会。盖人性本相近，习乃相远，所以为恶者，必因环境之压迫。环境魔力之最亟者，莫如经济。"而导致琼崖社会纷乱最重要的原因是，"今社会经济组织未均，阶级特殊，贫富悬绝"①。

因贫富分化严重，琼崖已经产生了两大对立阶级，即贫穷的农工②和资产阶级，两者的生活状态形成了鲜明对比，前者是"一般贫穷之农工人，终年勤劳，手胼足胝，乐岁终身苦，凶年不免于死亡"，后者则作为其"一般资产阶级，终年优游逸乐，居则广楼大厦，食则山珍海错，衣则锦绣，出则车马，入则娇妻艳妾侍奉"。导致两大阶级对立的根本原因就在于剥削，即"然推本穷源，其所以得如是之挥霍者，无一非农工人之血汗也。均是人类。而剥削此之血汗，添彼油肉，所以不平鸣之声，日高一日"③。更令人担忧的是，一部分人由于"饥寒交

---

① 吴成开：《琼崖社会扰乱之原因》，中共海南省委党史研究室编：《琼崖大革命史料选编》，1994 年，第 358 页。

② 本书在行文过程中，以所引用文章的表述习惯为依据，在相关问题论述时使用了"农工"或"工农"两组不同词汇。一般而言，工农组织、工农阶层等表述见于《琼崖大革命史料选编》，即琼崖大革命之前和后期的资料中，尤其是在后期的文章表述中被逐渐确定成为专有词汇。但值得注意的是，在琼崖大革命时期，琼崖革命突出地表现为以农民为主体，或促进农民觉醒、创建农民协会、组织农民运动、促进农工联合特点，因此，当时的系列文章中大量使用"农工"的表述，这也是基于琼崖当时的革命工作而言，符合当时的革命实际。本文贴近于当时论证问题的实际来选择使用"农工"或"工农"。

③ 吴成开：《琼崖社会扰乱之原因》，中共海南省委党史研究室编：《琼崖大革命史料选编》，1994 年，第 358 页。

迫，以致不顾廉耻，甘于堕落，而流为土匪矣"，还有一部分知识分子
"自称为改造社会者流，一旦投身社会，匪（非）但不能改造而已，其
结果反为恶社会所征服"①。因此，必须清醒地认识到，在打倒帝国主
义和军阀的同时，也要打倒这些祸乱社会的军阀走狗和资产阶级。

三、琼崖革命同志大同盟成为统战宣传工作的支柱

琼崖地区支援省港大罢工的实际工作表现为讨伐反动军阀邓本殷。
对于讨伐邓本殷的宣传始于《琼崖旬报》，经《新琼崖评论》的广泛传
播，琼崖民众树立起打倒军阀的顽强斗志。随着反对军阀邓本殷的革命
浪潮的日益高涨，加之琼崖地区革命团体虽然众多但规模微小、组织松
散的特点，在中国共产党的领导下，由广州新琼崖评论社、上海琼崖新
青年社、北京琼岛魂社等发起，于 1925 年 4 月 7 日在广州召开琼崖革
命团体代表会议，成立琼崖革命同志大同盟。该同盟对驱邓运动起到积
极的推动作用，以此为核心斗争目标的统战宣传工作也在琼崖革命同志
大同盟的领导下迅速发展。

（一）以发布宣言的方式扩大对时局的宣传

1925 年 8 月 15 日，琼崖革命同志大同盟发布《琼崖革命同志大同
盟第二次代表大会宣言》，对当前时局进行分析，对应做的革命斗争工
作发出动员和号召。

琼崖和全国当前的时局是：

---

① 吴成开：《琼崖社会扰乱之原因》，中共海南省委党史研究室编：《琼崖大革命史料
选编》，1994 年，第 359 页。

在琼崖方面：邓本殷老贼除私铸伪银，杀戮无辜，苛收杂捐，拍售琼崖，摧残教育，焚毁民居，滥发纸币，迫种鸦片，迫吸鸦片，强奸妇女，勒索拉夫种种惨况之外，今又勾结英法帝国主义者，受帝国主义港币八十万元之运动，为楚歌四面之香港开生路，为帝国主义者进攻命政府之先导；

在全国方面：帝国主义者在上海，汉口，南京，广东，施行其大屠杀手段，中国已陷入亡国之状况。①

琼崖民众当前应负的重要责任是：

肃清南路，打倒一切军阀及一切帝国主义的责任。②

"肃清南路，打倒一切军阀及一切帝国主义"成为琼崖革命的重要任务，既体现了长期以来宣传工作强调的将琼崖革命融入全国斗争的大潮，实现大革命的联合；又体现了琼崖革命斗争的地域特点及革命实际需要。

（二）以集体决议的方式领导琼崖革命的实际工作

在琼崖革命同志大同盟第二次代表大会上，经过与会各团体的商讨，最终形成了《琼崖革命同志大同盟第二次代表大会讨邓本殷议决案》，决议案首先细述了邓本殷的三大罪行。其一，揭露邓本殷地方反

---

① 《琼崖革命同志大同盟第二次代表大会宣言》，中共海南省委党史研究室编：《琼崖大革命史料选编》，1994年，第343页。
② 《琼崖革命同志大同盟第二次代表大会宣言》，中共海南省委党史研究室编：《琼崖大革命史料选编》，1994年，第343页。

动势力头目的身份。邓本殷被民众视为"邓贼"，联合请愿政府的目的是"讨伐邓贼本殷"。其二，揭露邓本殷反革命军阀身份。邓本殷原为陈炯明死党，割据地方，长期从事反革命行动。为保护革命政府根据地，琼崖民众联合政府，"将近在肘腋之反革命军阀邓本殷势力铲除"。其三，揭露邓本殷帝国主义走狗的卖国军阀身份。邓本殷摧残爱国民众，破坏省港大罢工，琼崖民众联合起来，"请政府将此害民卖国军阀邓本殷刻即肃清"。

基于上述理由，该同盟代表琼崖民众要求政府做到两件事情：请政府派有主义有纪律之革命军队讨伐邓贼，使永无第二邓贼之继起；请政府政派遣军队讨伐邓逆时，准本同盟派员随军宣传革命主义并为军队向导。①

实际上，琼崖革命运动的推进离不开琼崖统战宣传工作的发展，在琼崖革命同志大同盟的领导下，此时期的统战宣传工作呈现出以下鲜明特点：结合全国革命形势，立足于琼崖实际形势，确定最紧迫的革命斗争任务，勇于承担统战宣传工作的革命责任，即"随军宣传革命主义并为军队向导"，推动琼崖大革命走向联合和科学发展之路。

（三）以时政宣传为核心引导民众保持对革命形势的清醒认知

自 1925 年 6 月邓中夏和苏兆征发起省港大罢工开始，声援五卅爱国运动、支持省港大罢工便在琼崖大地上如火如荼地推进。随后，"省港罢工委员会毅然通告封锁英国帝国主义进攻中国之根据地香港，以期

---

① 《琼崖革命同志大同盟第二次代表大会讨邓本殷议决案》，中共海南省委党史研究室编：《琼崖大革命史料选编》，1994 年，第 345 页。

致英国帝国主义之死命"①，即发布封锁香港限令，以达到制衡英帝国主义的目的。而反动军阀邓本殷却勾结奸商周雨亭，暗中接济港英政府，此卖国行为激起琼崖爱国学生的反抗。在此期间，邓本殷派军队逮捕爱国学生 19 人，其中 5 人被枪毙，其他全部收监，暴露了其欲破坏一切革命分子的反革命本质。琼崖改造同志会发布《琼崖改造同志会声讨邓逆本殷惨杀琼崖学生案通电》，倡议："凡我救国救乡同胞，宜一致电促政府迅速派有主义、有训练之军队援琼，出琼民于水火。本会同人，誓为前驱，灭斯朝食。临电愤慨，不尽欲言。"②

1925 年 8 月 20 日，中国近代革命家、国民党左派领袖廖仲恺于国民党中央党部门前遇刺身亡。1925 年 8 月 27 日，《琼崖革命同志大同盟对廖部长逝世宣言》揭露此事件的本质是：帝国主义"不得不唆使其工具——反革命的军阀官僚及买办阶级——从中挑战，以期使国民政府及国民党根本摇动，而破坏此次罢工及一般反帝国主义之运动"，并于宣言中高呼："誓为廖先生复仇！打倒一切帝国主义！肃清一切反革命的军阀，官僚，买办阶级！"③ 值得注意的是，根据革命斗争实际情况，反革命集团中不仅包括军阀，还包括官僚和买办阶级等，因此更加迫切地需要革命的大团结和大联合。

1925 年 11 月 21 日晚，奉系将领郭松龄发出讨伐张作霖、杨宇霆的通电，提出三大主张：一是反对内战，主张和平；二是要求祸国媚日的

---

① 《琼崖革命同志大同盟讨邓本殷电》，中共海南省委党史研究室编：《琼崖大革命史料选编》，1994 年，第 346 页。

② 《琼崖改造同志会声讨邓逆本殷惨杀琼崖学生案通电》，中共海南省委党史研究室编：《琼崖大革命史料选编》，1994 年，第 349 页。

③ 《琼崖革命同志大同盟对廖部长逝世宣言》，中共海南省委党史研究室编：《琼崖大革命史料选编》，1994 年，第 348 页。

张作霖下野，惩办主战罪魁杨宇霆；三是拥护张学良为首领，改革东三省。1925年11月23日，七万大军浩浩荡荡向奉天进发，是为"松龄倒戈"的序幕。这一事件，引起了琼崖革命同志大同盟的重视。以此为契机，11月24日，琼崖革命同志大同盟执行委员会召开会议，发布《琼崖革命同志大同盟对于时局的议决案》：

（1）通电反对媚日卖国的安福政府，主张建立全国统一的国民政府，设施平民政治，及废除不平等条约。

（2）通电警告郭松龄，今后须一致反张作霖之所为，勿受日本帝国主义之利用，勿拥护段政府，勿压迫民众。

（3）通电质问冯玉祥等国民党将领，何以对于此次反张战争，始终不表示鲜明态度，并质其今后之政治主张。

（4）联络琼崖旅省各团体发起召集琼崖旅省公民于本月二十日上午十一时在广大西操场开会。决定对于时局之主张，凡该同盟所属在广州之十余团体之份〔分〕子，均须参加。

（5）组织政治演讲队，于十八、十九两日出发演讲。①

对于一般民众而言，无法明晰"媚日卖国的安福政府""警告郭松龄""质问冯玉祥"等内容的实质和原因，因此，决议案强调，联络琼崖旅省各团体发起琼崖旅省公民大会，详细分析当前局势，并在会后组织宣讲队进行系统宣传。

---

① 《琼崖革命同志大同盟对于时局的议决案》，中共海南省委党史研究室编：《琼崖大革命史料选编》，1994年，第362页。

根据决议案要求，琼崖旅省公民大会当即发布了《琼崖旅省公民大会响应京沪各地民众宣言》（以下简称《宣言》），《宣言》宣传和关注的对象是全广东的工人、农民、学生、兵士、商人及一切革命的民众，《宣言》还揭示了军阀段祺瑞和张作霖的本质是英日帝国主义的走狗，并列述其罪行：

  当"五卅"事变突起，帝国主义者在各地为继续不断的残杀时，段政府与奉张不惟不顺从民众反抗帝国主义，反而摧残民众反帝国主义运动。

  张作霖竟派兵至沪，帮助残杀同胞的帝国主义者压迫民众，解散工商联合及总工会等团体，更在天津摧残罢工，屠杀罢工工人；

  段祺瑞亦与奉张同出一辙，在北京屡次唆使军警禁阻人民爱国行为。

  段、张之压迫民众，取媚帝国主义，可谓无微不至！①

基于段祺瑞和张作霖的上述罪行，民众掀起反段、反奉的热潮；加之孙传芳、吴佩孚称兵反奉系，郭松龄倒戈，国民党发表反奉倒段之宣言，冯玉祥参与反奉倒段的斗争，等等，反奉倒段的潮流日益高涨。

不过，《宣言》也揭示了冯玉祥、郭松龄等反奉倒段的实质：

  冯玉祥等国民军将领虽然反奉反段，然其今后之政治主张如

---

① 《琼崖旅省公民大会响应京沪各地民众宣言》，中共海南省委党史研究室编：《琼崖大革命史料选编》，1994 年，第364—365 页。

何，殊难预卜。同时，新兴的军阀孙传芳、郭松龄等亦未深切表示与民众结合。①

这提醒革命民众在具体斗争中要万分警惕：这些以反奉倒段为目的的新军阀，其真实目的是"将继续军阀把持政权之局面"。被新军阀把持的政权仍将与民众对立，因此，中国之混乱无法终止，人民之痛苦也永无宁日。

同时，《宣言》重申了革命斗争的任务：

> 起来！革命的民众们，团结起来，武装起来！起来响应京沪的民众的革命运动！起来协助革命的国民政府北伐！起来打倒卖国的段政府、奉系军阀及一切反革命势力，建立统一的国民政府，召集国民会议，废除一切不平等条约，起来！②

综上所述，琼崖革命同志大同盟在开展统战宣传工作时特别关注军政局势，基于革命的实际进行相应的工作安排和宣传指导，既注重对事件本质的分析又注重引导各社会团体发挥其宣传作用，为民众提供清晰客观的指导，以达到推动革命群众"团结起来、武装起来"的目的。

（四）以短平快的方式高扬琼崖民众的革命斗志

1925 年 9 月，国民革命军第一次东征胜利，第二次东征收缴陈炯

---

① 《琼崖旅省公民大会响应京沪各地民众宣言》，中共海南省委党史研究室编：《琼崖大革命史料选编》，1994 年，第 365 页。
② 《琼崖旅省公民大会响应京沪各地民众宣言》，中共海南省委党史研究室编：《琼崖大革命史料选编》，1994 年，第 365 页。

明残部的斗争也即将打响，这对于国民革命而言可谓捷报频传。对此，琼崖革命同志大同盟发布传单扩大宣传，内容如下：

　　各同胞们！有热血的各界同胞们！请联合起来，拥护革命政府！

　　只有革命政府，才能保护人民的利益，我们保护革命政府，就是保护自己！这些决心为革命政府奋斗，实现人民与政府合作！清反革命派！统一广东完成国民革命。①

1925 年 12 月 20 日，发布《琼崖革命同志大同盟告同胞书》，呼吁革命的工人们、农民们、学生们、兵士们：

　　武装起来！

　　打倒卖国的段政府！

　　解除一切反动派的武装！

　　拥护革命的国民党及广东革命政府！

　　建立统一全国的国民政府！

　　召集国民会议，施行平民政治，废除不平等条约！

　　拥护省港罢工！②

---

① 《琼崖革命同志大同盟印发的传单》，中共海南省委党史研究室编：《琼崖大革命史料选编》，1994 年，第 350 页。
② 《琼崖革命同志大同盟告同胞书》，中共海南省委党史研究室编：《琼崖大革命史料选编》，1994 年，第 383 页。

与前期发布的宣言和决议不同，对国民革命胜利信息的宣传要做到速度快、范围广，因此，琼崖革命同志大同盟大规模印发传单，以短平快的方式向民众传递国民革命捷报，以呼喊口号的方式明确革命敌人、宣传革命方针、发布革命目标、呼吁革命团结。

在琼崖革命的历史上，琼崖革命同志大同盟承担了特殊的统战宣传工作的使命：在改组后的中国国民党和中国共产党均未建立起琼崖地方组织机构的背景下，为了在琼崖地区有效宣传和贯彻国共合作的方针，促成琼崖各革命团体和组织的真正联合，琼崖革命同志大同盟先后吸纳20 多个革命团体，是"集中琼崖力量枢纽，是琼崖三百万民众由黑暗之中跑到光明大路必经的途径，是解放琼崖三百万民众痛苦的唯一工具"①。实践也证明，在五卅运动和省港大罢工时期，在琼崖早期党组织成立之前，琼崖革命同志大同盟是此时期统战宣传工作的支柱，其通过有效的统战宣传工作推动了琼崖革命的发展。

---

① 周士第：《陈炯明失败与琼崖》，中共海南省委党史研究室编：《琼崖大革命史料选编》，1994 年，第 303 页。

第四章

克复琼州后琼崖统战宣传工作的重点

随着中华民国国民政府和广东省政府的相继成立，广东各地迎来彻底肃清反动军阀势力的革命高潮。1925 年，国民政府组织南征军，于年底相继攻克高州、廉州、钦州等地，邓本殷及其残部龟缩于琼崖。国民政府以李济深为总指挥，陈铭枢为前线总指挥，进军琼崖。1926 年 1 月，南征军兵分三路从雷州半岛同时渡海进军琼崖。1 月 17 日，三支队伍依次登陆琼崖。在军民共同努力下，邓本殷势力顷刻瓦解，本人逃离琼崖。1 月 20 日，国民革命军占领府城、海口，乘胜追击邓本殷残部，在琼崖民众的支持下，最终取得彻底胜利。[①] 随着国民党和中国共产党等组织建设工作和国民大革命的持续推进，此时期的统战宣传工作的核心内容便是以革命统一战线为指导，服务于广东和琼崖地区的国民革命任务，双方主流媒体协同发力，以宣传琼崖革命形势和琼崖建设问题为核心，共同推动此时期统战宣传工作的发展，促成琼崖广大民众的团结和联合。此时期是琼崖大革命时期统战宣传工作的蓬勃发展时期。

---

① 《收复琼州海口详情》，中共海南省委党史研究室编：《琼崖大革命史料选编》，1994年，第 385 页。

一、共产党主流期刊关注对琼崖反帝反封建爱国运动的宣传

《新琼崖评论》停刊后，因《琼崖革命同志大同盟盟刊》系不定期刊物，海南本地报刊以《琼崖民国日报》为核心。该刊由共产党、国民党共同创办，创办于 1926 年 2 月，共产党员罗文淹担任报社社长，陈公仁担任经理，撰稿者多为中共党员。该刊主要宣传内容如下：一是宣传共产主义和孙中山的新三民主义，提出反对帝国主义、打倒土豪劣绅等口号，为动员民众声援省港罢工，支持国民政府出师北伐，大造舆论；二是大量报道国内和本岛工、农、学、青、商、妇等运动发展的消息；三是积极宣传报道肃清土匪、反对嫖赌、安定社会秩序、协助政府治理琼崖等消息。该报所登新闻简明、求实，深受市民、学生欢迎，对扩大革命理论的宣传，推动海南革命运动发展起到了重要作用。①

《工人之路》是大革命时期中国共产党指导工人运动的报纸，最早创办于 1922 年，经历了由半月刊到周刊的发展历程。1925 年 6 月 24 日，由中华全国总工会省港罢工委员会主办，邓中夏担任主编的双日刊《工人之路》正式发刊，"先后辟有短评、论文、特载、省港罢工消息、省港新闻、国内新闻、世界新闻、工人常识等栏目"。自省港大罢工爆发以来，琼崖民众采用各种方式积极声援和参与，其中对反动军阀邓本殷的讨伐是琼崖支援省港大罢工最突出的表现之一，此内容也是《工人之路》持续跟进报道和宣传的重要内容。

《犁头》是大革命时期极具农民特色的革命期刊，由广东省农民协

---

① 海南省地方史志办公室编：《海南省志·第十一卷·报业志》，南海出版公司 1997 年版，第 2、13 页。

会创办于 1926 年 1 月 25 日。作为由中国共产党人主持指导的革命刊物，该刊彰显了强大的革命斗争精神，对推动农民运动蓬勃发展起到了重要作用。

《琼崖学生》由琼崖全属学生联合会于 1926 年夏创办于府城。1926年 6 月，《琼崖学生》第 2 期被设为"驱钟特号"，主要刊登琼崖全属学生联合会及各地学生、工人、农民和妇女等团体发布的"驱逐钟衍林"的各类宣言，是此时"择师运动"的主要宣传媒体。同时，《琼崖全属学生联合会半月刊》与之形成联合报道，共同掀起琼崖"择师运动"并推动其发展壮大。

以上期刊的共同特点是，由中国共产党人担任主编或主要撰稿人，以加大宣传的方式服务于革命统一战线的建立和发展，并且对工人、农民和学生等革命主力进行划分，精准地对不同群体的革命运动进行指导和宣传，是统战宣传工作深化发展的重要表现。

（一）《工人之路》持续关注克复琼崖后省港大罢工的发展

1926 年 1 月 29 日，《工人之路》第 220 期刊登了《南路总指挥部电请派纠察队封锁海口》电文，内容如下：

> 中华全国总工会，省港罢工委员会苏委员长兆征鉴：琼州已为我军克复，理应即日断绝海口香港交通以救罢工最后之胜利，除与本处各工会及学生会商议进行外，请即多派纠察队前来，水东、梅某各处已由总指挥令各该地驻防军帮助进行矣。张善鸣，南路行政

委员会驻总指挥部代表桂棠叩艳。①

由电文可知，革命军克复琼州使琼崖境内的反军阀斗争取得阶段性胜利，然而作为全国反帝爱国运动的重要区域，琼崖在省港大罢工中的使命仍在继续，因此，封锁海口与香港交通无疑是对省港大罢工最有力的支援。

1926 年 2 月 1 日，琼崖锁港纠察委员会联合士、农、工、商、学等各界议决"限期封锁香港，帮助广东各地完成封锁的政策，实行甘地的不合作主义：不许香港的船只来往，不许采办仇货，不许供给香港粮食，直接向英帝国的原动力——资本主义——反攻；而间接上不啻向英政府宣战了"。采用此种方式进行宣战的原因是："因为彼欲以经济侵略我，我就与彼经济上绝交，这是针锋相对的，可以'不劳一兵，不费一矢'，肃清英帝国主义在远东侵略地——香港。"② 并最终发出倡议："琼崖被压迫及无产阶级的同胞们呀！快起来团结！帮助我们实行封锁香港。"③ 此外，以《封锁海口条例》作为行动纲领和斗争指南：

　　封锁海口条例

　　第一条　来往香港海口之船只概行禁止。

　　第二条　由各处开来海口之船只不得经过香港。

---

① 《南路总指挥部电请派纠察队封锁海口》，中共海南省委党史研究室编：《琼崖大革命史料选编》，1994 年，第 390 页。

② 《琼崖锁港纠察委员会封锁香港宣言》，中共海南省委党史研究室编：《琼崖大革命史料选编》，1994 年，第 405 页。

③ 《琼崖锁港纠察委员会封锁香港宣言》，中共海南省委党史研究室编：《琼崖大革命史料选编》，1994 年，第 406 页。

第三条　禁止在香港采办一切货物输入海口。

第四条　禁止英国一切货物运输入口，其余不经过香港运来之各国货物不在此限。

第五条　一切运往香港之货物概行禁止出口。

第六条　违反以上条例一切货物概行没收。

第七条　没收之货物封存总指挥部政治部，另请示省港罢工委员会处置。

第八条　各商家应在本条例公布之日起即时停止在港办货及收受港商购货之定银。

第九条　已经定下或收过定银之货物布应于本条例宣布之日起三日内将单据向纠察委员会登记。

第十条　自本条例公布日起三日内实行封锁。①

除了发布锁港宣言外，琼崖锁港纠察队与士、农、工、商、学等各界联合，有步骤、有计划地推进封锁海口事宜。

一是商讨锁港办法，以封锁海口，切断海口与香港交通、禁止货物流通等为主要方式，并发布《封锁海口条例》作为行动纲领；二是组建职员会议，以工人和学生为主体组成集主席、秘书、调查、宣传和庶务为一体的职员会；三是组成常备纠察队六队，学生组三队，各工会组三队，因经费不足，最终缩减为三队，组成五人调查队，并刻"琼崖锁港纠察委员会印"；四是推进组织和宣传工作，随即发出封锁香港通告、

① 《琼崖锁港纠察委员会封锁香港宣言》，中共海南省委党史研究室编：《琼崖大革命史料选编》，1994年，第406页。

宣言、条例、章程等，并商讨经费和协同中华全国总工会省港罢工委员会驻海口办事处各筹备委员合作事宜；五是立即开展实际巡查工作。①

最终，海口封锁工作取得显著成效。据《广州民国日报》报道：断绝海口与港澳交通之后，在锁港委员会和罢工纠察队的监督之下，琼岛全面实施不合作主义，通过定期罢工的方式来影响旅居海口的英国人的生活。

就大革命时期打倒帝国主义、打倒军阀的斗争任务而言，革命军主要承担打倒军阀的革命重任，而省港大罢工的工友们则勇敢地担负起打倒帝国主义的革命重担。到 1926 年 4 月，持续 8 个多月的省港大罢工成效显著："已使香港英帝国主义者受绝大的打击，……罢工工友，以其能帮助我们国民政府，兼因香港英帝国主义的经济恐慌，无暇应付我们国民政府的原故，已促进我们广东统一而造成广东和平的局面，并使广东的经济得有机会独立。"② 可以说，省港大罢工对克复琼崖和维护广东和平起到至关重要的作用。然而，这些参与省港大罢工的工友们的生活却异常艰难，他们"在很冷的晚上，睡在地下，两个人盖一条薄薄的被，且食不得一餐饱，衣不得半身暖，罢工工人的医院，还完全没有设备，种种困苦情形，不堪列举。虽我们国民政府，及各界时有援助和接济，但非大家齐齐起来援助，一杯之水，终是无济的"③。因此，号召群众解囊相助便成为此时宣传工作的一项重要内容。《工人之路》

---

① 《琼崖纠察队呈报封锁海口情形》，《工人之路》第 236 期，中共海南省委党史研究室编：《琼崖大革命史料选编》，1994 年，第 413 页。

② 《琼崖援助省港罢工委员会告各界书》，中共海南省委党史研究室编：《琼崖大革命史料选编》，1994 年，第 438 页。

③ 《琼崖援助省港罢工委员会告各界书》，中共海南省委党史研究室编：《琼崖大革命史料选编》，1994 年，第 439 页。

第 282 期刊发了《琼崖援助省港罢工捐款条例》，规范了援助省港罢工捐款的详细事宜，并在第 284 期刊发了《琼崖援助省港罢工委员会告各界书》，号召琼崖各界踊跃捐款。

1926 年 6 月 19 日，琼崖慰问省港大罢工代表团抵达广州，《工人之路》第 355 期全文刊发了《琼崖慰问罢工团慰问罢工词》："亲爱的罢工工友！你们真困苦极了，牺牲极了！你们痛愤帝国主义者接二连三不断地屠杀中国民众，剥夺中国主权，你们毅然决然，拿起你们的武器——罢工——来与那帝国主义者宣战，至今已满一年了。"[①] 此次罢工与以往不同，它打破了一直以来被帝国主义嘲笑为"三分钟热血"和"五分钟热度"的屈辱，更是取得了令人骄傲的成绩，"在你们罢工期中，虽然不免有所损失，但是为罢工而使香港英帝国主义者每日丧失四百万元，往时备极璀灿〔璨〕，异常热闹的香港商场，一旦变为冷落荒凉的孤岛"，"以及帮助国民政府肃清一切反革命而统一广东，和协助国民政府出师征伐以促成国民革命的全功"[②]。此时的琼崖民众长期处于军阀邓本殷的反动统治之下，直至革命军渡琼之后，"对于我们罢工工友，才有实行稍予援助的表示的可能"。为此，琼崖慰问罢工团代表琼崖工、农、商、学等各界恳致慰问："一面尚愿我们工友，嗣后更加巩固团结，而作彻底之奋斗！一面我们更愿始终拥护与帮助我们工友，以期打倒一切破坏罢工的反革命派，务达到罢工最后的胜利！我们

---

① 《琼崖慰问罢工团慰问罢工词》，中共海南省委党史研究室编：《琼崖大革命史料选编》，1994 年，第 459 页。

② 《琼崖慰问罢工团慰问罢工词》，中共海南省委党史研究室编：《琼崖大革命史料选编》，1994 年，第 459 页。

高唱的口号是省港罢工胜利万岁！中华民族解放万岁！反帝国主义团结万岁！"①

1927 年 9 月 11 日，《琼崖民国日报筹备处日刊》刊发了《琼东各界援助省港罢工之热烈》一文，文中描述："琼东嘉积市以十九〔个〕团体召集援助省港罢工工友会，于本月六日十一句〔点〕钟在琼崖仲恺农工学校前面大操场举行开会，到会有三十二〔个〕团体，人数达万人。"工友会明确了琼东各界应采取努力宣传和慷慨捐助的方式援助省港大罢工，同时提出并通过五条提案：

1. 各界一致援助省港罢工工友。

2. 电请政府多拨军械，扩大纠察队，加紧封锁香港，及镇压反革命派破坏罢工，巩固北伐后方。

3. 促成开辟黄埔商埠。及兴办实业，以救济工人之失业。

4. 扩大对英经济绝交，使香港成为荒岛，由嘉积商会商民协会自动的取缔奸商私运仇货，实行与英人断绝买卖。

5. 拥护省港罢工到底，反抗英帝国主义最近对政府及罢工委员会之诬蔑。②

从 1925 年 6 月到 1926 年 10 月，省港大罢工历经约 16 个月的实践，最终"使英帝国主义数十年来惨淡经营的繁荣香港，变成荒岛，直接

---

① 《琼崖慰问罢工团慰问罢工词》，中共海南省委党史研究室编：《琼崖大革命史料选编》，1994 年，第 460 页。
② 《琼东各界援助省港罢工之热烈》，中共海南省委党史研究室编：《琼崖大革命史料选编》，1994 年，第 471 页。

间接的促成英国工人的总同盟罢工，给与帝国主义经济上一个重大打击"①。从声援五卅运动开始，省港大罢工不断发展，规模日益壮大，就琼崖区域而言，省港大罢工不仅沉重打击了帝国主义，更重要的是成为凝聚工、农、学、青、商、妇等走向联合的重要的革命试炼。此时期，早期中国共产党人在领导工人运动时从琼崖实际出发，以《工人之路》为媒介，通过思想动员、理论宣传、明确任务、追踪报道、组织运动、物质救济、发布宣言、召集聚会等灵活多样的方式，推动琼崖广大民众走向联合，这无疑是在革命统一战线的指挥下统战宣传工作有效而生动的实践。

（二）《犁头》旬刊旨在促进农民运动的持续发展

昔日琼崖，在军阀邓本殷的残暴统治之下，广大农民遭受迫害的程度最深，因此，这一群体的革命性也最强，这一点业已达成共识。在国共合作的背景下，1925年5月，广东省第一次农民代表大会召开，宣布组建广东省农民协会（以下简称"农协会"），共产党人彭湃、阮啸仙等当选为常务委员。

1926年初，趁革命军克复琼崖之际，广东省农协会决定在琼崖"设一省农会琼崖办事处以为统辖该处之农民运动。今已委出冯平为该办事处主任，何毅为书记，符向一充委员，而该员等昨已前途赴琼，计抵步时该办事处即可成立云"②。同年3月，《犁头》旬刊第4期刊发《广东省农民协会琼崖办事处暂行计划》，内容涉及农协会琼崖办事处

---

① 符瑞华：《谈谈海口府城的青年运动》，中共海南省委党史研究室编：《琼崖大革命史料选编》，1994年，第500页。
② 《省农会琼崖办事处成立》，中共海南省委党史研究室编：《琼崖大革命史料选编》，1994年，第404页。

成立的原因、地点、组织工作、宣传工作，以及关于各县各界对于农协会态度、农协会成员成分、农村政治、经济、文化、教育、宗教、行政管理等具体调研和调查工作 10 多项，并要求，"除此整个计划之外，分别按照各县情形，规定各县进行计划"①。具体内容如下：

一、琼州府城为琼州各属行政之总区域，交通便利，可以指挥及监督各县区乡农民协会，设广东省农民协会琼崖办事处在琼山府城。

二、择于某日成立广东省农民协会琼崖办事处，将其成立情形呈报广东省农民协会，及通知在各地军政机关各县党部各团体及各县区乡农民协会。

三、现可着手宣传组织者，只可于陵水县、万宁县、崖县、乐会县、琼东县、定安县、琼山县、文昌县八县，而感恩县、昌化县、临高县、澄迈县，黎汉杂处，人性强悍，宣传颇难，待陵水等县组织扩大后，始即着手。或有相当宣传组织机会时，便派员前往。

四、万宁县已有县农民协会组织，崖县、乐会县、陵水县，亦有区乡农民协会组织，均须努力扩大其组织，并施行各种训练。而琼东、定安、琼山、文昌等县，未有组织者，尤须努力宣传组织，以扩大农民的力量。

五、召集在各地特派员及负责农民协会之中坚份〔分〕子，开农民运动大会，报告各地农民状况，及报告各级农民协会组织之

---

① 《广东省农民协会琼崖办事处暂行计划》，中共海南省委党史研究室编：《琼崖大革命史料选编》，1994 年，第 420—421 页。

经过。讨论农民运动进行计划，分配往各县工作，并审查某特派员对于某县适宜而调遣之。

六、调查各县之知识界、商人、工人、学生、土匪，对于农民协会之态度。

七、调查各县区乡农民协会之状况及会员之成份〔分〕。

八、调查各县民团之状况及对农民协会之态度。

九、调查各县农村在政治、经济、文化各方面之状况。

十、调查各县之基督教徒、教堂、学校，并基督教徒的成份〔分〕。

十一、调查农民对于基督教之态度，并调查基督教对于乡村传教的政策。

十二、调查各县乡村教师的倾向，及各县学校数目。

十三、调查各县行政区数目并各该区乡村数目。

十四、调查各县住户、人数，及农民占其全数的成份〔分〕。

十五、调查琼崖公路交通线，及绘画公路地图，并各县详细地图。

十六、调查各县地方公款。

十七、调查各县之方言的类别。

十八、调查各县特殊之情形。

十九、除此整个计划之外，分别按照各县情形，规定各县进行计划。①

---

① 《广东省农民协会琼崖办事处暂行计划》，中共海南省委党史研究室编：《琼崖大革命史料选编》，1994年，第420—421页。

从上述具体内容中可以看出,《广东省农民协会琼崖办事处暂行计划》所规定的具体工作可分为三类:一是组织建设工作,二是组织宣传工作,三是组织基础调查工作。其中,相当一部分工作是为了摸清琼崖农民工作的现状、面临的困难、要解决的问题,还有相当一部分是为了摸清琼崖各阶层对农协会的态度、各团体对农协会的态度、各阶层和团体中农民的比例等。这些基础性调研工作的开展,是农民运动顺利开展的基础和保证,其中贯穿始终的便是对农协会的宣传工作。无论是农协会的建设还是农民运动的发展,都可以看到宣传工作在其中的重要意义,这也是建设以农民为主力军的革命联合战线的核心工作。

1926 年 6 月,《犁头》旬刊第 9、10 期合刊,刊登《琼崖办事处会务报告决议案》,该决议案充分体现了琼崖办事处以解放琼崖农民、维护农民利益为己任,为构建琼崖革命联合战线而不懈努力。

首先,重点关注农民群体,保障农民生命安全,消除农民生活疾苦。诚如决议案所言,琼崖农民受帝国主义和邓本殷等反动军阀的双重压迫,是受迫害程度最深的,因此,"取消火油专卖以减轻其担负"是解除农民生活痛苦的最实际内容。另外,琼崖农民还要缴纳"无地钱粮"税,很多农民"因纳无地钱粮失业变为流氓或土匪",琼崖办事处请"大会当代向政府要求取消之"。

其次,推动农协会发展,鼓励农民走向有组织的联合。琼崖农民除了受帝国主义和邓本殷等反动军阀的残酷统治外,还受到琼崖民团的压迫,广大农民因此失业或流亡,生命和财产安全无法获得保障。为防止此类情况再现,琼崖办事处提请报告,大会最终作出决议:"凡入农民协会之琼崖农民，民团不得管辖之及抽收其团费。"① 这在一定程度上起到鼓励农民加入农协会的作用。据查，"琼崖人民有三百万，农民占二百四十万，现在农民有组织的只有万多人。琼崖有十三县，现在有农民协会的只有六县。"② 琼崖办事处的工作目标是：使农协会的设置由六县扩大到十三县，使参加农协会的农民由一万多人扩大至二百余万人。由此可见，积极推进农协会建设，推动农民走向有组织有保障的联合，是此时期琼崖办事处的重要工作。琼崖办事处特别强调：要注意农民加入农协会后的"训练组织工作"，原因在于，要想更好地兴起农民运动，必须认识到阻碍农民运动的因素和势力有哪些，而对农民进行有效训练和组织工作，无疑是保证农民运动顺利进行的关键。

再次，重点推进反基督教运动和打倒土豪劣绅运动。当前，琼崖办事处之所以将反抗基督教和打倒土豪劣绅作为农民运动的核心工作，其原因在于：一方面，琼崖帝国主义者的先锋队便是基督教，"一般反革命派均恃基督教为护符以压迫农民运动"，使得琼崖农民深受其害；另一方面，邓逆余孽和琼属土匪、土豪劣绅组成民团，"压迫剥夺农民惨不胜道"，并与农协会形成对抗。这些因素均阻碍着琼崖农民运动的发展，因此，琼崖办事处建议："对于已有农民协会组织之地方，当设法指导其组织农民自卫军，以卫护农民利益。"③ 也就是农协会应有效地组织和训练农民，成立农民自卫军，以保障农民自身的利益。

---

① 《琼崖办事处会务报告决议案》，中共海南省委党史研究室编：《琼崖大革命史料选编》，1994年，第441页。
② 《琼崖办事处会务报告决议案》，中共海南省委党史研究室编：《琼崖大革命史料选编》，1994年，第441页。
③ 《琼崖办事处会务报告决议案》，中共海南省委党史研究室编：《琼崖大革命史料选编》，1994年，第442页。

最后，重视农民和其他群体的联合，增强农民的力量，建立琼崖革命民众的联合战线。决议案强调："为谋琼崖农民之解放，必要增加农民力量，减少敌方力量，故当注意于联合工人、小商人、青年学生等群众运动，以筑成琼崖革命民众之联合战线。"①

（三）《琼崖学生》重点宣传琼崖学联主导的"驱逐钟衍林"运动

1926 年 6 月，爆发了由琼崖学联主导的"驱逐钟衍林"运动。此事件的起因是："琼海中学校校长钟衍林，前日于该校学生会成立之日，因学生韩超元、韩授元（闻系学生会职员）在会场力驳詹行燃教务长之言论，即刻召集校务会议开除二生学籍。"琼崖全属学生联合会代表大会数次邀请钟衍林到会解释此事的来龙去脉，钟衍林均借故躲避，因此，大会认定"其开除二生若有充足理由，尽可到会报告，今既藉故推诿，显然故意摧残学生会，压迫学生"②。其行为和身份被定性为"根据钟氏向来行为，认为邓逆之走狗，迹其待遇学生，认为学界之蟊贼"。这一结论成为"驱逐钟衍林"运动的指导思想。

1926 年 6 月，《琼崖全属学生联合会半月刊》刊发《琼崖全属学生联合会代表大会之驱逐钟衍林议决案》，揭露了钟衍林的恶行：

（一）唆使一般〔班〕学生诬毁孙中山先生卖琼；

（二）谩骂孙中山先生为不学无术之徒；

---

① 《琼崖办事处会务报告决议案》，中共海南省委党史研究室编：《琼崖大革命史料选编》，1994 年，第 441 页。

② 《琼崖全属学生联合会代表大会之驱逐钟衍林议决案》，中共海南省委党史研究室编：《琼崖大革命史料选编》，1994 年，第 443 页。

（三）邓逆本殷南路战败返琼时，强迫学生列队持旗欢迎邓逆；

（四）献媚邓逆参谋长陈丹书；

（五）建造邓品泉（即邓本殷）纪念厅博取邓逆的欢心；

（六）无理开除学生剥夺学生自由；

（七）摧残学生会；

（八）破坏学生统一运动；

（九）庇护奸商破坏省港罢工；

（十）诱惑赴省参加运动会的运动员参加伪全省学联会。①

这十项恶行桩桩令人发指，成为琼崖民众联合"驱逐钟衍林"的主要依据。该刊同时刊发《琼崖全属学生联合会代表大会为驱钟事致琼海同学书》，用更加直白而清晰的语言详述了"钟衍林诋毁孙总理""钟氏勾结邓逆""钟氏破坏学生运动"的事实，并且强调，号召学生们团结"驱逐钟衍林"是建立在保护全体学生利益、拥护琼海学校的基础之上的。

此外，琼崖学联发布《琼崖全属学生联合会改组代表大会驱逐钟衍林宣言》，详细说明"驱逐钟衍林"运动的始末，进一步补充说明钟衍林的恶行，并强调："从此观之，钟氏之恶劣反动行为，盖可概见，苟一日不除，则琼崖学生一日不免其害，琼崖革命必有障碍。"② 号召

---

① 《琼崖全属学生联合会代表大会之驱逐钟衍林议决案》，中共海南省委党史研究室编：《琼崖大革命史料选编》，1994年，第444页。
② 《琼崖全属学生联合会改组代表大会驱逐钟衍林宣言》，中共海南省委党史研究室编：《琼崖大革命史料选编》，1994年，第446页。

各界同胞联合起来驱逐钟衍林，为革命扫清障碍。同时，对如何采取一致行动进行了详细指导：

（1）发表宣言详陈钟氏劣迹及请各界援助；

（2）函促钟氏辞职；

（3）呈请教育厅撤换钟氏；

（4）全体代表齐到行政公署请愿；

（5）广布标语，昨日府城各街道已见有下列之标语张贴：打倒反革命派钟衍林，打倒摧残学生的钟衍林，拥护琼海学校，打倒邓逆走狗钟衍林等。①

上述指导建议呈现出鲜明的宣传特质，琼崖学联正是通过发表宣言、代表请愿、广布标语等方式揭露钟衍林的恶行，让社会各界认清钟衍林的反革命本质，进而自觉参与到"驱逐钟衍林"运动中来。随后，该运动引来四方响应，突出地表现为各界以发表宣言的方式表达对琼崖学联和"驱逐钟衍林"运动的支持。《琼崖学生》第2期专辟为"择师特号"，刊发各团体的宣言，包括《琼崖全属学生联合会改组代表大会驱逐钟衍林宣言》《琼崖农会援助学联会驱钟宣言》《琼崖妇女解放协会援助琼崖学联会驱钟宣言》《琼崖总工会援助学联会驱逐钟衍林宣言》等，各团体纷纷表达对钟衍林恶行的深恶痛绝，宣誓将积极投身到"驱逐钟衍林"运动中去。

---

① 《琼崖全属学生联合会代表大会之驱逐钟衍林议决案》，中共海南省委党史研究室编：《琼崖大革命史料选编》，1994年，第444页。

二、国民党机关报重点对琼崖的克复和建设进行追踪报道

《广州民国日报》创刊于1923年6月，1924年10月收归国民党中央宣传部，至1925年8月20日该报纸总编辑陈秋霖与廖仲恺遭歹徒枪击前，其主要为国民党左派所控制，拥护孙中山"联俄、联共、扶助农工"的三大政策，坚持宣传革命，支持工农运动，是"一份以国民党中央机关报名义出版的统一战线性质的报纸"①。1925年，革命军经历了东征凯旋到振旅南征，又经历了邓本殷"输诚"到大规模的反奉倒段运动，琼崖地区的革命形势进入新阶段。此时期，琼崖民众迫切需要打倒盘踞在琼崖的帝国主义和军阀，实现全琼的解放，这也成为此时期《广州民国日报》报道和宣传的内容之一。

《民国日报》1916年1月创办于上海，是中华革命党人在反对袁世凯的斗争中创办的报纸。1924年中国国民党第一次全国代表大会后，成为中国国民党的机关报，在大革命期间对国民党南征及征琼进行了系列报道，其报道更侧重于对事件成因、经过和结果的分析。

（一）对革命军渡海攻琼进行追踪报道

1926年1月，《广州民国日报》对琼崖革命形势进行了宣传，刊发《第四军政治部敬告琼崖同胞书》，高呼："革命第四军政治部发出敬告琼崖同胞书云：可怜的同胞们，革命军来了，保护你们的革命军来了。"细述邓本殷的罪行后，强调当前的战局是："现在高雷钦廉罗阳各属的邓贼残部，已被我革命军打得七零八落。革命军又要进攻邓贼老巢琼崖，肃清邓贼余孽，以援救你们出于水火之中了。"具体战况如何

———————
① 方汉奇、李矗：《中国新闻学之最》，新华出版社2000年版，第208页。

则由《民国日报》《工人之路》等进行追踪报道。

1926 年 1 月 16 日，《民国日报》刊载《南征军进攻琼州》短讯："十六日粤函。昨某军事机关接南路消息称：南征革命军自克复雷州各属后，即策划渡海进攻琼崖。现南征军前锋部队，已由雷属水浅地方，用兵舰拖运部队渡海，直薄琼州海口。第十一师陈济棠部，第十二师陈可钰、张发奎部，已集中琼州，为总预备队陆续乘舰渡海。琼崖实不成问题。闻陈师长铭枢，已于昨日由江门起程赶赴前线指挥一切。"①

其后，《工人之路》对革命军渡海攻琼的战情进行了追踪报道。1926 年 1 月 19 日刊发《革命军攻占琼州捷报》，详细说明 17 日、18 日革命军进攻琼州的战情："广州国民政府政治训练部陈主任鉴：顷接前方确报，我军于十七日申刻，在新榄港（新埠）安全登陆，即日占领铺前市，十八日向三江追击，现已攻占琼州。第四军政治部代主任张善鸣叩。"② 详细内容同时见于《工人之路》刊出的《邓演存之攻琼捷报（电文）》《革命军过琼（电文）》，原文如下：

> 《邓演存之攻琼捷报（电文）》：第四军部陈参谋长并转参谋团罗主任钧鉴：捷报计达。张副师长指挥云团及朱团于十七日由外罗渡海，申刻抵七星岭附近之新榄（埠），指挥云团之云营先冒敌弹，由无挞梳登陆，云团全部及朱团继之，后即将敌击退，中夜占领铺前墟、东坡墟，该两团定十八日向三江墟进发（中略），琼崖

①《南征军进攻琼州》，中共海南省委党史研究室编：《琼崖大革命史料选编》，1994 年，第 372 页。

②《革命军攻占琼州捷报》，中共海南省委党史研究室编：《琼崖大革命史料选编》，1994 年，第 373 页。

收复在即。炮兵监邓演存叩皓。①

《革命军过琼（电文）》：第四军司令部转海军局斯局长、欧阳厅长、李主任钧鉴：秘密。我舰奉李总指挥命令，拖幻丹土削之民船攻琼，于筱日（17日）下午抵艳港之新榄（埠）。敌于此据险抵抗，职舰发炮猛击，中敌要害，并令水兵，用艇渡过步队。敌见我军登陆，即纷纷逃走，现在追击中。从此肃清海南，指日可待。②

三篇连续的捷报和电文见诸《工人之路》，为民众还原革命军攻琼的全过程：1926年1月17日下午，由国民革命军第四军第十二师张发奎副师长统率云瀛桥、朱晖日两团人马，"由外罗渡海"，申时，抵达七星岭附近的新埠。在此地，遇敌反抗，张发奎副师长指挥云瀛桥团进行炮击，击中敌人要害，并命令水兵"用艇渡过步队"，由"无挞梳登陆"，云团全部及朱团相继登陆，中夜占领铺前墟、东坡墟，两团约定18日向三江市进攻，其余黄其翔团也已经成功渡海。

1926年1月25日，《广州民国日报》报道了革命军三路渡海攻琼的情况，对之前关于渡海征琼的报道进行了全面补充，为接下来全面克复琼州的系列报道进行了承上启下的衔接。

据悉，参与渡海攻琼的队伍共有三路，分别是：

---

① 《邓演存之攻琼捷报（电文）》，中共海南省委党史研究室编：《琼崖大革命史料选编》，1994年，第374页。
② 《革命军过琼（电文）》，中共海南省委党史研究室编：《琼崖大革命史料选编》，1994年，第375页。

第一路：国民革命军琼崖讨邓军第一、二支队指挥王鸿饶，统率蔡春霖团及刘金甫团，于本月十六日由雷洪港出发，渡海向崖陵之新村港登陆。

第二路：第十二师张发奎部，由文昌之铺前登岸。

第三路：第十一师陈济棠部，由儋县墩头港地方登岸。①

1926年1月29日，《广州民国日报》刊登《革命军克服琼城后情形》：革命军"于二十二日连扑琼州府城，但邓逆军队闻知我革命军将到，事前已先弃城退去，我军第十二师即于二十二日午间率队进驻琼州府城。当入城时，已完全无邓军踪迹。城中人民见我军入驻城后，军纪严明，秩序井然，各人皆欣然欢迎。当时城内务机关如县公署及地方审检庭等，所有在职人员，均逃走一空"②。自23日起，革命军第四军第十二师政治部开始负责召集地方人士详谈收复琼州后的善后事宜。1926年1月31日，《民国日报》刊发的《克琼详报》点明了克琼之后的后续情况："敬（二十四）日止，八属完全克复。李济深电告，俭日（二十八）由雷渡海入琼。"

克复海口之后，1926年1月28日，《工人之路》第220期发布了李济深呈报蒋介石的电文，列述了革命军收复海口后的详情：

（一）我军克复琼州，经已电呈；

---

① 《革命军三路进攻琼州》，中共海南省委党史研究室编：《琼崖大革命史料选编》，1994年，第382页。
② 《革命军克服琼城后情形》，中共海南省委党史研究室编：《琼崖大革命史料选编》，1994年，第389页。

（二）邓逆仅以只身乘商船司马懿号逃走，残敌悉数向各属消散；

（三）现令各部分区肃清散军；

（四）敌舰五艘除广南一舰在逃未获外，余均为我军收复；

（五）敌遗下制弹厂、制枪厂各一所，存机器材料甚多；

（六）此役总获枪千余杆，并获敌弹数十万发，军用品无算。①

综合来看，电文中除汇报战况、战绩和武器收缴情况外，最重要的一条是交代了邓本殷逃窜的事实，作为革命军南征讨伐的核心人物，邓本殷的去向和结局是琼崖民众和社会各界最关注的事情，也是后续新闻媒体关注的重点内容。

革命军克复琼崖，解救琼崖民众于水深火热之中，受到了百姓的热烈欢迎。据《广州民国日报》报道，1926 年 1 月 23 日，琼城第六师范举行各界欢迎大会，与会者超过万人，"开会时有陈师长济棠，张副师长发奎、政治部廖林两主任、俄顾问及各界演说，其词意均淋漓尽致，痛快非常，听者无不动容，鼓掌声时震耳鼓，自上午十时至下午四时，始照影散会。散会后再列队巡行府城各街云"②。

1926 年 1 月 27 日，为欢迎李济深及革命军入琼，琼崖民众在琼海中学组织了琼州第一次民众运动，与会各界团体有数十个，到会人数超过两万人。"是日值李军长到琼，遂先开欢迎李军长大会，众公推十二

---

① 《收复琼州海口详情》，中共海南省委党史研究室编：《琼崖大革命史料选编》，1994年，第385页。

② 《琼城各界欢迎革命军情形》，中共海南省委党史研究室编：《琼崖大革命史料选编》，1994年，第408页。

师政治部主任廖乾伍为主席，宣布开会理由，继各界致欢迎词，李军长致谢词，继开军民联欢大会，由李军长、俄顾问、邓参谋长、军政治部张主任、南路行政委员邹代表，琼山县李县长、教育界钟代表、农界代表、工界代表、妇女界代表等演说。演说毕，时已傍晚，遂散会列队巡行，查由府城至海口相距尚十里，但巡行群众，均不觉有倦容，查琼三十年来民众运动，以此次为第一次云。"①

（二）对革命军遇到的困难进行分析报道

1926 年 1 月 21 日，《民国日报》刊载《南征军渡海攻琼》一文，除了再述当前革命军攻琼的战况外，还着重分析了此时邓本殷负隅顽抗的情况，这正是当前革命军在攻琼过程中遇到的重要问题。

问题一：邓本殷实力尚存，"盖邓军虽屡在南路战败，然收拾残余，尚有一万五千人以上"②。

问题二：邓本殷整肃军纪，改编军队，提升了军队战斗能力。"邓近亦觉悟其前此失败之原因，由于所属缺乏严整之训练，及团结之精神。乃一反前此所为，将所部改编为三师，以陈凤起为第一师长，陈德春为第二师长，何铭楷为第三师长。所有从前之司令、统领、警备队、游击队等种种名目，一概取销〔消〕，并任陈凤起为琼崖总指挥，节制各师。最近各港口之布防，各军队之调遣，均有所策划，军权较为统一严整，不若前此之涣散。"③

---

① 《琼州第一次之民众运动》，中共海南省委党史研究室编：《琼崖大革命史料选编》，1994 年，第 410 页。

② 《南征军渡海攻琼》，中共海南省委党史研究室编：《琼崖大革命史料选编》，1994 年，第 378 页。

③ 《南征军渡海攻琼》，中共海南省委党史研究室编：《琼崖大革命史料选编》，1994 年，第 378 页。

问题三：邓本殷获得北洋舰队的通济号和江元号的援助，即"且后有北洋舰队通济、江元两号之助防，因此防务颇形巩固"，革命军方则"既无相当之炮舰与运送舰为之掩护，实无术飞渡雷琼海峡"①。

上述情况造成了革命军在南路攻琼战役中的三个难点：一是邓本殷及其残部还存有相当实力，继续负隅顽抗；二是革命军无法立即组成进攻琼州的舰队，保障革命军顺利抵琼；三是无军费保障，成为拖慢南下攻琼进程的主要原因。

为解决现实问题，国民革命军南路总指挥李济深曾"屡向军事委员会报告攻琼战略，促组舰队，出发海南作战。曾经参谋团召集海军局长斯米诺夫、参谋厅长欧阳琳等，一再筹议。但其结果，对于组织攻琼舰队一节，竟发现种种困难"②。其原因在于："盖以最富战斗力之领袖舰中山号，以机件损坏，入坞修理，工程浩大，预计一两月不能出坞。至其他之四江舰，战斗力极为薄弱：必不能与留驻琼海之北洋舰相周旋，且已调赴西江剿匪。平南、安北、福安各舰，更小不堪言，实无从组织。"③纵使兵力充沛，无军舰配备便无法渡海征琼，因此，渡海征琼只能暂时搁置。其后，军事委员会曾电令李济深："全局军事已定，只余琼崖一隅，迟迟未下，该军长职责南路，应负其咎。"并限令其一个月内收复琼崖。李济深得电后感慨："政府叫我去打琼州，既不拨军

----

① 《南征军渡海攻琼》，中共海南省委党史研究室编：《琼崖大革命史料选编》，1994年，第379页。

② 《南征军渡海攻琼》，中共海南省委党史研究室编：《琼崖大革命史料选编》，1994年，第379页。

③ 《南征军渡海攻琼》，中共海南省委党史研究室编：《琼崖大革命史料选编》，1994年，第379页。

舰相助，又不拨军饷接济，试问以何种工具去打琼州？"① 最后，在俄人顾问尼散加氏的帮助下，筹集 6 万余元军费，配置 40 余艘机船预备渡海，指挥王鸿镐、邹武两部为先锋，朱晖日、云瀛桥为后备，共4000 余人，构成出兵征琼的主力阵容，保证渡海攻琼的顺利推进。

（三）追踪报道邓本殷的最终去向和结局

1926 年 1 月 28 日，《广州民国日报》刊载《邓逆本殷确逃往广州湾》一文，在描述邓本殷出逃事宜时强调："其初革命军之来攻（琼）也，专驻西路。邓氏乃置重兵于此而防之，不意革命军忽由琼东来袭，此处兵力有限，无能抵抗，遂一拥而进，直抵文昌而至铺前，处距琼州，约六十里，邓氏知不能守，乃偕同住眷及军官共二百余人，乘日轮逃往广州湾，今仍在该处。惟其第四妾则已逃来港。"② 再结合《革命军攻占琼州捷报》："我军于十七日申刻，在新榄港安全登陆，即日占领铺前市。"③ 也就是说，在 1 月 17 日革命军登陆新榄（埠）港占领铺前时，邓本殷带领家眷和随同军官 200 余人乘坐日轮（李济深电文称司马懿号）逃往广州湾。不过值得注意的是，《广州民国日报》随军记者也有这样的报道："邓本殷于十九日晚仍在府城，及事急始下日舰，各重要军官均随走，至眷属则先期赴香港。"④

---

① 《南征军渡海攻琼》，中共海南省委党史研究室编：《琼崖大革命史料选编》，1994年，第 379 页。
② 《邓逆本殷确逃往广州湾》，中共海南省委党史研究室编：《琼崖大革命史料选编》，1994 年，第 386 页。
③ 《革命军攻占琼州捷报》，中共海南省委党史研究室编：《琼崖大革命史料选编》，1994 年，第 373 页。
④ 《革命军攻琼之经过》，中共海南省委党史研究室编：《琼崖大革命史料选编》，1994年，第 388 页。

上述报道反映了一个问题,邓本殷逃往的具体时间和地点并不一致,这也是这些主流媒体持续追踪报道邓本殷最终去向和结局的重要原因。

《广州民国日报》持续追踪报道邓本殷的下落,于1926年2月1日发表文章《邓本殷败后行踪又一说》,梳理该文,可以将邓本殷逃亡的信息汇总为如下几种说法。

一是1月17日革命军抵琼时,何铭楷等邓本殷从属登日舰逃往广州湾赴香港,大众大都认为邓本殷与其同行,也就有了邓本殷逃往广州湾的第一种说法。

二是1月19日电往香港询问时,得知邓本殷并未离琼,这是邓本殷仍在府城的说法。

三是1月21日革命军"攻入府城时,邓氏则由海口向秀英炮台率残部二千余人,向临高方面而逃,与驻临高等处之队伍集合,欲于不得已时,乘船向北海而遁,欲于钦廉方面讨生路云"①。此为邓本殷去向的第三种说法。

四是1月22日革命军"攻克府城后,知邓逆已逃,立派大队分头跟踪追击。邓逆以大军追至,无可挽救,遂由澄迈而临高、而儋州、陵水、感恩方面逃去。现查其尚匿在崖州县城,收集残部云"②。此为邓本殷去向的第四种说法。

五是2月10日《广州民国日报》继续追踪报道:"革命军张发奎

---

① 《邓本殷败后行踪又一说》,中共海南省委党史研究室编:《琼崖大革命史料选编》,1994年,第392页。
② 《邓本殷失败逃走又一消息》,中共海南省委党史研究室编:《琼崖大革命史料选编》,1994年,第407页。

部，日前克复琼城，邓逆率残部向临高溃退，张复派兵两团，猛力进击，遂将临高占领，邓部残众即向四方山逃遁。查四方山一带，地形颇为险要，现革命军已向该山四面围攻云。"[1] 此为邓本殷去向的第五种说法。

《广州民国日报》通过持续追踪邓本殷去向的方式，向琼崖民众揭示 1921 年以来盘踞琼崖多年的以邓本殷为核心的反动军阀统治的结局，证明轰轰烈烈的琼崖大革命迎来了阶段性的胜利，鼓舞琼崖民众以更大的革命热情投身于后续的革命斗争中去。在肃清邓本殷等军阀残暴势力和匪徒后，琼崖民众将革命斗志和热情燃至全国，他们清醒地认识到："自民国肇造，祸患频仍，国事日艰，民生益瘁，军阀之耀武扬威，荼毒生灵"[2]，如果军阀与帝国主义勾结，甚至会将国民革命的成果毁于一旦。例如，"去岁讨奉称兵，实出全国民意，奉张倒塌，状至垂危，竟因日本之出师援助，致令郭氏身亡，成败倒悬。尚未几时，而讨贼之师，又因英日之嗾使，一变而与张贼联合，以对抗国民军"[3]。因此，欲打倒帝国主义必须打倒军阀，倡议"犹必先消灭张作霖吴佩孚辈万恶军阀"。

（四）持续关注琼州的建设问题

1926 年 1 月 29 日，《广州民国日报》刊载《革命军克服琼城后情形》一文，第一次提到了赶走邓本殷后琼崖后续建设事宜的相关问题：

---

① 《邓本殷窜入四方山》，中共海南省委党史研究室编：《琼崖大革命史料选编》，1994 年，第 411 页。

② 《公民大会请愿政府出师北伐》，中共海南省委党史研究室编：《琼崖大革命史料选编》，1994 年，第 440 页。

③ 《公民大会请愿政府出师北伐》，中共海南省委党史研究室编：《琼崖大革命史料选编》，1994 年，第 440 页。

"二十三日始由十二师政治部召集地方人士磋商善后办法，并公举一人为临时县长，结果以该地绅士李树标得票最多，当选为琼山县长。但李乃为该地著名劣绅，平日鱼肉乡民无所不至。现该琼州府旅省各人，已准备反对云。"① 文章提到了关于选举琼山县县长的问题，更重要的是提及了琼州府旅省各团体对此选举存疑并开始筹备反对事宜的情况。这说明，多年来的革命斗争使得民主观念深入民心，以此为基础，琼崖后续建设问题也需要各团体共同参与和决策。

1. 推动革命组织的联合，以公民大会民主决议的方式推动琼崖建设工作

1926 年初，琼崖革命同志大同盟、琼崖改造同志会、革命青年合作社、新青年革命社、铸新琼崖分社、琼崖妇女解放协会、琼崖海外同志会等团体，就驱除邓本殷后琼崖地方改造问题进行讨论。为避免意见分歧，实现真正的联合，由陈策提议"将各团体共同改组为琼崖革命同志会，实行政治革命，改造琼崖"②。1926 年 1 月 31 日，琼崖旅省各团体在广西召开琼崖革命同志会成立大会，与会者共 2000 余人，会上推举陈策、林熙盛、韦义光等为主席团成员，大会协商通过四项决议：

（一）兹会章程由成立大会推举代表二十一人为审查员，审查核定；

（二）所举出之临时职员，以两月为限，届时重新改选；

---

① 《革命军克服琼城后情形》，中共海南省委党史研究室编：《琼崖大革命史料选编》，1994 年，第 389 页。
② 《琼崖纠察队呈报封锁海口情形》，中共海南省委党史研究室编：《琼崖大革命史料选编》，1994 年，第 413 页。

（三）该会成立后，旅省其他团体，除妇女解放协会外，七日内一律取销〔消〕；

（四）各团体如不取销〔消〕，应开除其团体。议毕，即选举职员。①

从四项决议的内容可知，琼崖建设的领导工作以琼崖革命同志会为核心。为防止出现非民主的专断情况，采取推举代表的方式审核章程，选出的代表以两个月为期限进行再次改选。为防止因革命团体众多而出现意见相左的情况，进而保证政令发布归口的一致性，要求7日内解散除妇女解放协会外的旅省其他团体，如不服从将予以开除。

1926年2月2日，《广州民国日报》发表专访文章《克服琼州后之善后建设》，关注琼崖后续的建设问题，并对革命军克复琼州后的具体工作进行综合梳理：

（一）军事：现在已无问题，但尽力从事结束与整理。昨李总指挥济深，有电回云，一星期后，欲回省一行，陈述经过情形，以谋建设。

（二）民政：是否设置行政委员，或另立一行政机关名称，现尚未定，至琼州方面前有各方面函电催促陈策回琼，但陈氏未得政府意思，现未成行。

（三）财政：现财政厅已委出邹敏初为财政处正处长，梁怀丹

---

① 《琼崖各团体之大会议》，中共海南省委党史研究室编：《琼崖大革命史料选编》，1994年，第393页。

为副处长云。①

综上所述，从军事、民政和财政大方向来讲，当前琼崖的建设工作尚未正式启动，尚需广东省政府指导和谋划。与此同时，一些真正关注琼崖发展的进步人士，对琼崖今后的工作重点提出宝贵意见。例如，1926 年 2 月 2 日，《广州民国日报》刊登了署名振亨的文章《克复琼州》，提出克复琼州之后应该注意的问题：

（一）肃清散兵土匪，使勿再为地方之祸患；

（二）开发琼崖各属交通，使人民得自由发展实业；

（三）绝对的保护农民工人利益，并扶助其团体之发达；

（四）从速组织党部，灌输新知识于琼属民众，使增加国民革命力量；

（五）认真训练军队的政治知识，无使再有发生新式军阀之危险。②

革命军入琼之后，琼崖民众迫切希望通过召开琼崖公民大会的方式来表达关于琼崖建设的意见。1926 年 2 月 19 日，《广州民国日报》记录了琼崖公民大会召开的情形：会议召开的时间是 1926 年 2 月 5 日，会议由海口总商会、琼崖工会、学生会及学校团体联合发起，会议召开

---

① 《克服琼州后之善后建设》，中共海南省委党史研究室编：《琼崖大革命史料选编》，1994 年，第 402 页。
② 振亨：《克复琼州》，中共海南省委党史研究室编：《琼崖大革命史料选编》，1994 年，第 399—400 页。

地点是海口大同戏院，会议目的是"把琼崖人民种种痛苦赤裸裸宣布出来，协同政府之进行"，会议最终发布八条请愿意见：

（一）废除苛捐杂税；（二）铲除亦抽苛捐奸商；（三）禁绝烟赌；（四）肃清土匪；（五）铲除土豪劣绅；（六）严办邓贼走狗；（七）严办贪官污吏；（八）清查逆产。①

会后列队巡行，并推举 13 位代表向李济深呈报上述八项请愿。李济深当即表示："因为革命军是为人民解除痛苦而来，诸君所请愿的事项完全是国民政府应该举办的事项，现在得诸君群力协助进行，可见诸君对于国民政府是极力拥护，兄弟谨代表国民政府向诸君感谢。"②

综上所述，从琼崖革命同志会的成立到琼崖公民大会的召开，从对琼崖改造组织方式的讨论到对改造琼崖进程的关注，均表明了琼崖民众乐于参与其中的积极性，同时表明琼崖民众对民主地、科学地、全面地建设琼崖的迫切心愿。

2. 成立琼崖临时行政委员会，先谋政务的稳定和发展

1926 年 2 月 19 日，《广州民国日报》报道琼崖临时行政委员会成立一事，详述为"复仿照在雷州时办法组织琼崖临时行政委员会，由总指挥派第四军政治部主任张善鸣、参谋长邓演存、秘书何春帆及朱仿文、邹桂棠组织之，以张主任为主席。在琼崖一切关于行政问题，均由

① 《琼崖公民大会情形》，中共海南省委党史研究室编：《琼崖大革命史料选编》，1994年，第 416 页。
② 《琼崖公民大会情形》，中共海南省委党史研究室编：《琼崖大革命史料选编》，1994年，第 416—417 页。

该会议决"①。琼崖临时行政委员会管理琼崖日常行政事务，同时"关于财政问题、教育问题等亦权宜处理"。该委员会推进的第一批行政事务，便是"委派江沛为琼东县县长、黄梦麟为定安县县长，其余各县长，系由人民公举出为临时者，暂未更换云"②。这一系列操作实际上保证了克复琼州之后，琼崖政局的稳定。

值得一提的是，在琼崖建设的具体细节方面，《广州民国日报》通过专访汇集了一些意见。

一是以谋党务之发展为第一要义。"此后设施，当先谋党务之发展，对于主义上极力宣传，使人民了然我国民党乃对人民谋利益之党，而与政府合作，不致如从前之隔膜，其他为政治教育等等亦须极力整顿。"③即发展党务，宣传政治主张，树立党的威信，消除民众和政府之间的隔阂，是整顿政治以及教育的前提。1926年，《中国国民党琼东县党部成立特刊》刊发雷永铨的文章《国民党之过去现在及将来》，概括了国民党的革命任务，过去是"打倒帝国主义、打倒军阀"，现在是"联合世界上被压迫民族及被压迫阶级共同解放的完全民族革命""必须准备世界革命，同进于大同而后止"④。此时期，民众对国民党及其革命任务和使命寄予厚望。此后，琼崖各地陆续推进成立国民党党部的

---

① 《琼崖地方行政》，中共海南省委党史研究室编：《琼崖大革命史料选编》，1994年，第415页。
② 《琼崖地方行政》，中共海南省委党史研究室编：《琼崖大革命史料选编》，1994年，第415页。
③ 《克服琼州后之善后建设》，中共海南省委党史研究室编：《琼崖大革命史料选编》，1994年，第403页。
④ 雷永铨：《国民党之过去现在及将来》，中共海南省委党史研究室编：《琼崖大革命史料选编》，1994年，第434页。

工作。例如，1926 年 3 月 31 日国民党琼东县党部成立，《中国国民党琼东县党部成立特刊》对琼东县党部成立大会情形、国民党琼东县党部第一次全县代表大会情形及其议决案等进行了系列报道。据该特刊记载：琼东县"这六区统〔总〕共区分部四十六个，党员二千左右，在筹备当中，每逢市日，各区筹备员，均出街演讲，或乘民众集中的机会，到各乡去宣传"①。

二是建立专员调查制度，在真正摸清琼崖实际情况的前提下，有的放矢地对琼崖进行改造和建设。"故政府现在第一步则优先派一专员往琼州各处调查，关于地方情形若何，一俟回省报告，然后督办善后诸端。"② 尽管琼崖行政机关大都由民众选举而成，但无法知悉各地方疾苦，以真正为人民谋利益，因此，建议选择对琼州熟悉的人担任专员，对琼州各项事务进行调查。

以党部建设为例，国民党琼崖特别委员会采用派遣特派员的方式，通过调查和分析，依据琼崖具体实际情况来推动琼崖地区党部建设工作的发展。王文明就曾以琼崖特别委员会特派员的身份与符国光返琼指导党部建设工作，通过调查了解到："各县县长未能与党部及人民合作，县长既不尽力帮助党部及人民团体（如农会等），而党部及人民亦无有拥护各县县长之决心，使行政自行政，党部自党部，人民自人民，各行其是，不相为谋。"③ 为解决这一问题，王文明特意向琼崖特别委员会

---

① 郭儒灏：《国民党琼东县党部筹备经过情形》，中共海南省委党史研究室编：《琼崖大革命史料选编》，1994 年，第 425 页。
② 《克服琼州后之善后建设》，中共海南省委党史研究室编：《琼崖大革命史料选编》，1994 年，第 403 页。
③ 王文明：《琼崖特别委员会工作概况》，中共海南省委党史研究室编：《琼崖大革命史料选编》，1994 年，第 462 页。

提出"党部，行政机关与人民合作政策"，并将此政策作为党部建设工作的首要原则，为此时的国民党党部建设提出宝贵意见。

三是整顿琼崖金融，保证琼崖经济的稳定发展。邓本殷的数项罪行中，严重干扰琼崖金融和经济稳定的便是私铸伪币，即"纸毫"。革命军入琼之后，亟待解决的便是琼崖地区"纸毫"泛滥的问题。1926年2月27日，《民国日报》对此事进行了专门报道。据悉，"总指挥于一月三十日，召集各界代表，讨论整理办法，即席议决组织整理琼崖金融委员会，以琼崖临时行政委员会、总商会、财政处、教育会、琼山县署、海口商埠警察局、学生会、总工会等机关团体组织之"①，共同合作和商讨应对之策。具体的金融调整政策如下：现已由总商会先筹一万元为基本金，不敷时再行设法。五元以上定期兑换、或发行通券，其券由总商会负责发出，由委员会举一人为监督。先印二十万元券，分十元、五十元、一百元三种。十元印千张、五十元印千张、一百元印千张，自开收日起，纸毫不许在市面通用。开收日期，自二月五日起至十四日止。现已着手进行，大约纸毫不久即不能流毒于琼崖市面矣。②

四是持续肃清琼数匪患，肃清反革命遗毒。尽管革命军克复琼州，琼崖大革命取得阶段性胜利，但在定安、澄迈等地仍然匪患猖獗，因此，"十二师张师长，特派三十五团赴定安属之屯昌、南昌、岭门等市；派三十六团第三营赴金江、烈楼等地，追击匪徒"③。三十五团在

① 《革命军整理琼崖金融》，中共海南省委党史研究室编：《琼崖大革命史料选编》，1994年，第419页。
② 《革命军整理琼崖金融》，中共海南省委党史研究室编：《琼崖大革命史料选编》，1994年，第419页。
③ 《张发奎肃清琼属土匪》，中共海南省委党史研究室编：《琼崖大革命史料选编》，1994年，第422页。

1926 年 3 月 13 日至 20 日深入黎峒黎民聚居区进行剿匪，在黎民群众的帮助下，击溃土匪陈可章及其余部；3 月 26 日，三十六团第三营追击土匪黄东初，致使其主动求和息战，接受改编。

三、革命联合战线指导下国共两党统战宣传工作的不同侧重点

国民革命军南征克复琼崖后，结束了邓本殷在琼崖的统治，使琼崖革命进入新的历史阶段，在国共合作的背景之下，琼崖获得了一个较好的政治环境。在革命联合战线的指导下，国共两党的宣传统战工作也呈现出各自不同的特点。

（一）关注的重点不同

自克复琼崖后，根据国民党机关报《琼崖民国日报》《广东民国日报》《民国日报》等主流媒体的相关报道，国民党主政琼崖，重点关注国民党党组织建设和琼崖社会建设问题，在中国共产党的协助和推动下，此时期琼崖政治形式呈现相对宽松的特点。

克复琼崖后，奉国民党广东省党部之命，于 1926 年 2 月在海口市成立国民党琼崖特别委员会，罗汉任委员会主席，王文明任委员会指导部指导员。随后，国民党广东省党部和琼崖特别委员会指派了各县的党部筹备人员，当年春，全岛除感恩县外，12 个县都成立了国民党党部。据老同志回忆，赴各县筹备国民党党部的主要负责人是："琼山县的李爱春，文昌县的祝家斌，琼东县的郭儒灏、王诗英，乐会县的王绰余，万宁县的符光东、林诗谦，陵水县的黄振士，崖县的陈世训、麦宏恩，澄迈县的黄善藩，临高县的冯道南，定安县的王会东，儋县的张兴、邢

治昺等。"① 其中，成立琼东县党部是此时期令人瞩目的大事件。创办
《中国国民党琼东县党部成立特刊》，连续发表《国民党琼东县党部筹
备经过情形》《国民党琼东县党部成立大会情形》《国民党琼东县党部
第一次全县代表大会情形及其议决案》《国民党之过去现在及将来》等
文章，并强调当前国民党的使命是："一切被压迫民族密切携手，共同
奋斗，以打倒帝国主义，完成民族革命。"②

在革命联合战线的指导下，中国共产党积极主动地推进琼崖工人、
农民和学生运动的发展。推动各阶级联合，建立和发展革命联合战线，
是中国共产党此时工作的重中之重。

随着国民革命运动的迅速发展，中国共产党在琼崖的力量大为增
强。国民革命军收复琼崖之后，国民党、国民政府随即委派张难先
（国民党左派）来主持国民党琼崖特别党部工作并兼任琼崖行政专员，
大批共产党员、共青团员和革命青年随行返琼。他们到达海口后，立刻
着手建立琼崖国民党、国民政府的各级机构，并立即开展工、农、青、
妇等各方面的工作。

从琼崖各市县国民党党部人员组成情况来看，共产党员与国民党左
派人士占多数。例如，国民党党部委员中，"除海口市国民党党部主任
委员由张难先兼任外，秘书长柯嘉予、宣传部长林平、青年部长朱润
川、工人部长吴清坤等人均为共产党员。其他各县党部的主任委员也都
由共产党员担任，如琼山县为李爱春，文昌县为祝家斌，琼东县为郭儒

① 中共海南省委党史研究室编著：《红旗不倒——中共琼崖地方史》，中共党史出版社
1995年版，第42页。

② 雷永铨：《国民党之过去现在及将来》，中共海南省委党史研究室编：《琼崖大革命
史料选编》，1994年，第433页。

灏，乐会县为陈哲夫，万宁县为符光东，定安县为王会东，崖县为陈世训，澄迈县为潘正踞，临高县为冯道南，陵水县为黄振士，儋县为张兴。各市、县党部成立后又相继派筹备人员到各区去筹建区分部，区分部的主要负责人也大多由共产党员和国民党左派人士担任"①。中国共产党人几乎全面参与国民党党部建设工作，为中国共产党力量的发展壮大奠定了基础。随后，中国共产党抓住有利时机，以国民党的名义积极发动和组织工、农、学、青、商、妇等群众运动，极大推动了革命联合战线的进一步发展。

（二）联合的对象不同

1924 年 1 月 20 日至 30 日，中国国民党第一次全国代表大会在孙中山主持下，"在事实上确立了联俄、联共、扶助农工的三大政策"，这成为第一次国共合作的政治基础。大会通过《中国国民党章程草案》，"确认了共产党员以个人身份加入国民党的原则"。国民党一大的召开，标志着"第一次国共合作的正式形成。这是中国共产党实践民主革命纲领和统一战线政策的重大胜利"②。此后，国共合作共同开创了反帝反封建的革命新局面。

就国民党而言，其统战工作最重要的实践便是"联共"，这也是国民党推动革命联合战线建设的最核心内容，在克复琼崖前后，在中国共产党的帮助下，重点关注琼崖国民党党部的建立和琼崖克复后的建设问题。就共产党而言，在中国共产党第二次全国代表大会通过的《关于"民主的联合战线"的议决案》的指导下，积极努力地促成国共合作，

① 李德芳：《琼崖革命史》，南方出版社、海南出版社 2008 年版，第 37 页。
② 中共中央统战部：《中国共产党统一战线史》，中共党史出版社 2017 年版，第 16 页。

投身于建立工人阶级和各民主力量的联合战线的重要实践。在国共合作的背景下，中国共产党更是"扶助农工"政策的积极践行者。在国民党中央党部所建立的8个分部中，"共产党员谭平山任组织部长，林伯渠任农民部长，杨匏安、冯菊坡、彭湃、张善铭等分别担任组织、工人、农民、青年等部的秘书"①。可以说，中国共产党人在国民大革命时期承担了组织部、工人部、农民部和青年部的实际工作，推动了群众运动的兴起。始终以促成建立革命联合战线为己任，长期从事推动工人、农民、学生、青年、商人、妇女等的联合，一直是中国共产党统战工作的核心。克复琼崖后，琼崖总工会得以恢复、省港大罢工的声援活动持续推进、广东农协会琼崖办事处成立、琼崖青年学生的解放运动迎来高潮、琼崖妇女运动蓬勃发展，而主导和引领这些团体进行联合斗争的正是在革命军南征琼崖时追随返琼的大批中国共产党员、共青团员和革命青年。

（三）坚持的程度不同

以国共合作实施新的组织路线一事为例，"由于孙中山的坚持，国民党一大后开始贯彻体现国共实行'党内合作'的新的组织路线。但是，国民党右派只在口头上不得不赞成，心里并不愿意执行。是否真正执行大会通过的宣言和章程，实际上成为后来共产党员和国民党左派同国民党右派斗争的核心问题"②。由此可见，国民党内部对于革命联合战线的坚持并不彻底，为国民党右派伺机背叛革命埋下了隐患。

中国共产党之所以毫不动摇地坚持革命联合战线，源自"中国早

---

① 中共中央统战部：《中国共产党统一战线史》，中共党史出版社 2017 年版，第 19 页。
② 中共中央统战部：《中国共产党统一战线史》，中共党史出版社 2017 年版，第 17 页。

期马克思主义者在传播马克思主义过程中，结合中国国情，从不同角度
阐述和宣传全世界无产者联合起来、劳工阶级联合、民众大联合等统一
战线思想"①。如前文所述，琼籍马克思主义者和早期中国共产党人在
传播马克思主义时，通过《琼崖旬报》《觉觉》《新琼崖评论》《琼崖
革命同志大同盟盟刊》《广东民国日报》《琼崖民国日报》《琼崖学生》
《现代青年》《工人之路》《犁头》旬刊等各类期刊，促进琼崖民众觉
醒，引领琼崖民众认清时局，从不同角度阐述和宣传全世界无产者联合
起来、劳工阶级联合、民众大联合等思想。通过领导早期的琼崖抗日斗
争、反帝反封建斗争和大革命时期的工、农、学、青、商、妇等的联合
斗争，中国共产党提出的反帝反封建的政治纲领，建立和发展广泛的反
帝反封建的统一战线思想，越来越广泛地深入人心，推动了琼崖大革命
高潮的到来。

---

① 中共中央统战部：《中国共产党统一战线史》，中共党史出版社 2017 年版，第 3 页。

第五章

建立琼崖党组织，引领琼崖统战宣传工作发展进入新时期

随着琼崖党组织的建立，琼崖统战宣传工作发展进入新时期。琼崖党组织和革命团体，有组织有计划地推动着此时期琼崖统战宣传工作的扩大发展。

一、中共琼崖特别支部全面领导琼崖统战宣传工作

1926 年 2 月 3 日，国民党琼崖特别委员会在海口成立，中共党员、国民革命第四军党代表罗汉任主任委员，执行委员有王文明、陈三华（女）、黎竞民、吴国定等 7 人，中共党员、第十二师党代表兼政治部主任王文明以中国国民党广东省党务委员会特派员的身份，负责国民党琼崖特别委员会指导部工作，主要指导琼崖各县党务和工农运动等群众工作。

在国共合作的背景下，琼崖大批共产党员以个人身份加入国民党，积极参与到国民党党部地方组织的创建工作中，同时遵照"保持共产党在组织上、政治上的独立"的决定，抓住时机，推动琼崖中共党组织的创建工作。1926 年 2 月，中共琼崖特别支部在海口成立，罗汉任特别支部书记，王文明、冯平、李爱春、何毅、符向一、柯嘉予、陈公

仁等任委员，这是近代琼崖第一个中国共产党的组织机构①。中共琼崖特别支部一经成立，便全面接管了此时期琼崖的统战宣传工作。

（一）宣传革命理论和马克思主义，夯实统战宣传工作的思想基础

为扩大革命理论的宣传，推动海南革命运动的发展，中共琼崖党组织和国民党左派合作，于1926年2月联合创办《琼崖民国日报》，共产党员罗文淹担任该报社长兼主笔、陈公仁任经理。撰稿人多数为中共党员②，因此，这一报纸便成为中国共产党宣传反帝反封建思想，推动国共合作的革命政策，扩大琼岛工人、农民、学生、青年和妇女运动，讨论琼崖建设和治理工作的重要平台，引导琼崖民众明晰时政，坚定对国民大革命的信心。值得一提的是，在这一宣传媒体上，中国共产党人及时阐发对琼崖革命和建设存在的问题的看法和主张。例如，杨善集发表文章《党部、行政机关与人民合作》，直指琼崖政治建设中的民主问题，体现了中国共产党建立民主主义的联合战线的政治主张。此外，"通过各种渠道发行当时流行的革命刊物《向导》《中国青年》《少年先锋》《犁头》等；同时，创办了《路灯》（陈公仁主编）、《扫把》旬刊（陈文晃主编）、《群众》（琼崖农工商学各界联合会办）、《环球报》和《现代青年》等。此外，还刊印了《共产主义ABC》《共产主义问答》《马克思主义入门》《人类社会进化史》《唯物史观》和《新人生

---

① 李德芳主编：《琼崖革命简史》，中国社会科学出版社2013年版，第26页。
② 海南省地方史志办公室编：《海南省志·第十一卷·报业志》，南海出版公司1997年版，第13—14页。

观》"① 等革命理论图书，这些进步刊物和图书，成为琼崖统战宣传工作的重要平台。不仅壮大了革命舆论宣传态势，还使马克思主义获得了深入宣传，为动员琼崖民众参与革命斗争和中共琼崖党组织的进一步发展奠定了舆论基础和思想基础。

（二）恢复和组建革命团体，扩大琼崖革命联合战线的规模

在以中国共产党为主导的国民党琼崖特委和中共琼崖特别支部的领导下，琼崖各地兴起了轰轰烈烈的群众运动。1926 年 2 月，中共琼崖党组织以国民党琼崖特委的名义成立了琼崖农工商学界联合会，同时创办联合会会刊《群众》。此后，为进一步巩固联合战线，恢复和组建各革命团体，这也成为联合战线建设的关键。

首先，琼崖总工会复会和基层工会的创建为工人运动发展提供组织保障。

为响应中国共产党第一次全国代表大会关于"建立工会组织，指导工人运动和做好宣传工作"的号召，1922 年，琼崖总工会成立。五卅惨案后，琼崖总工会与省港罢工委员会采取一致行动，派代表列席罢工委员会，积极参加和组织爱国运动，但因受到帝国主义和邓本殷等反动军阀的破坏，举步维艰。

国民革命军克复琼崖后，据《广州民国日报》报道，1926 年 1 月29 日，琼崖总工会在海口得胜沙崇本学校召开恢复大会，黎竟民、林平、曹俊升等为负责人。琼崖总工会当前主要工作重点是继续参与省

---

① 李黎明：《关于大革命时期琼崖党和人民革命斗争的一些情况》，中共海南省委党史研究室编：《琼崖大革命史料选编》，1994 年，第 544 页。

港大罢工，即"努力继续做去，制香港帝国主义者之死命，即在目前也"①，并发布宣言："望各工友乘时奋起，同心协力，互相结合，恢复原状，急图发展，上以拥护我国民政府，下以保障我工人利益。"② 同年4月，海口市总工会成立。在总工会的领导下，建立了一批基层工会，涉及旅店、汽车、茶居、织造、木匠、皮革、海员、药材、印刷、理发、钢铁、机器等20多种行业，会员达六七千人③。不过，工人运动的成绩并不理想。1926年8月《中国国民党广东省党部党务月报》第6期刊载的《琼崖特别委员会工作概况》写道："工运成绩未甚（好），自黎竞民同志离琼后，工运工作，更因之不发展，现特委以为工人部不可一日无人主持，特提出介绍文明接充工人部委员，函请钧会加委，以便指导工运进行云云。"④ 尽管如此，在琼崖总工会的组织下，琼崖基层工会组织迅速发展，为中共琼崖党组织的创建奠定了重要的群众基础，也为日后琼崖工人运动高潮的到来奠定了组织基础。

其次，广东省农协会琼崖办事处及其基层组织的建立为琼崖农民运动的发展提供组织保障。

琼崖民众由于长期处于邓本殷残酷压榨之下，逐渐显现出革命性强，且"尝有秘密组织农民协会之革命行动"的现实特点。基于此，

---

① 《琼崖总工会开恢复大会》，中共海南省委党史研究室编：《琼崖大革命史料选编》，1994年，第409页。
② 《琼崖总工会恢复宣言》，中共海南省委党史研究室编：《琼崖大革命史料选编》，1994年，第418页。
③ 中共海南省委党史研究室编：《中共琼崖党史纪事》，琼岛星火编辑部出版，1992年，第40页。
④ 王文明：《琼崖特别委员会工作概况》，中共海南省委党史研究室编：《琼崖大革命史料选编》，1994年，第464页。

为了加强对琼崖农民运动的领导，1926年2月，广东省农民协会决定"在该处设一省农会琼崖办事处以为统辖该处之农民运动"①，办事处主任为共产党员冯平，何毅为书记，符向一任委员。

1926年2月至6月间，经过广东省农民协会琼崖办事处和各县农民运动特派员的宣传发动，开始在海口、琼山、文昌、澄迈、定安、临高、琼东、乐会、陵水、儋县、万宁共11个市县建立农民协会办事处或筹备办事处，其负责人分别是：海口市郊区农民协会办事处主任冯继周（冯白驹），琼山县于天贵，文昌县李应春，澄迈县欧赤，定安县王会东，临高县冯道南，琼东县曹超，乐会县王绰余，陵水县吴文道，儋县周朝候，万宁县杨树兴。经过宣传，在各市县的83个区、乡建立起了区、乡农民协会，会员达到8800余人。②

1926年8月，王文明在《中国国民党广东省党部党务月报》第6期刊发《琼崖特别委员会工作概况》一文，对此时期的农民运动工作进行表扬，文中写道："农运工作，得中央特派员冯平、何毅、符向一同志等主持，成绩较好"，主要表现在，"全琼农会三百个，会员达四万人，已组织之农军有千余人，以万宁农军较为起色，其余各县农民均纷纷自动起来组织，一般〔班〕土匪看民众势力日见发展，土匪暂见敛迹，此固由农运各同志工作努力，然得实行党部、行政机关与人民合作政策，得各方协助有以成之也"。③

---

① 《省农会琼崖办事处成立》，中共海南省委党史研究室编：《琼崖大革命史料选编》，1994年，第404页。
② 中共海南省委党史研究室编著：《红旗不倒——中共琼崖地方史》，中共党史出版社1995年版，第53页。
③ 王文明：《琼崖特别委员会工作概况》，中共海南省委党史研究室编：《琼崖大革命史料选编》，1994年，第464页。

此时期，琼崖农民运动取得的最大成果便是推动了全琼农民协会的创建和发展，为之后琼崖地方党组织机构的建立奠定了组织基础，为琼崖农民运动高潮的到来提供了组织保障。

再次，琼崖妇女解放协会及其基层组织的创建拉开琼崖妇女运动的序幕。

李黎明在其遗稿《关于大革命时期琼崖党和人民革命斗争的一些情况》中回忆道：在跟随国民革命军反琼的大批共产党员中，陈三华、洪洁新、陈玉蝉（兼国民党琼山县党部妇女部长和琼山县妇女解放协会筹备处主任）负责筹备琼崖妇女解放协会工作。[①] 1926 年国际妇女节前夕，妇女解放协会澄迈支会成立，通过举行集会、游艺、巡行、联欢会、演讲、话剧、张贴标语、发表宣言等方式来纪念国际妇女节。4 月，以创建各地琼崖妇女解放协会支会为主要内容的妇女运动陆续展开，到 1926 年秋冬，琼崖妇女解放协会和各县市的妇女解放协会普遍成立。但从其综合成绩概述来看，王文明提交的《琼崖特别委员会工作概况》是这样评述的："妇女及商民二部，没有什么成绩可述。"由此可知，妇女运动的组织和发展乃是日后琼崖党组织将重点关注和推进的。

最后，琼崖全属学生联合会领导的学生运动一直勇立琼崖革命潮头。

从早期的琼崖抗日斗争到五四爱国运动、从促进琼崖民众觉醒到全琼思想解放运动、从抵制日货到反帝工人运动、从讨伐邓本殷到全琼反

①　李黎明：《关于大革命时期琼崖党和人民革命斗争的一些情况》，中共海南省委党史研究室编：《琼崖大革命史料选编》，1994 年，第 540 页。

封建主义斗争、从揭露教会学校本质到驱逐钟衍林运动等,在琼崖全属学生联合会的领导下,琼崖学生承担起革命宣传者、引领者和斗争者的重任。

值得注意的是,琼崖特别委员会还成立了青年部,王文明在《琼崖特别委员会工作概况》中是这样评述的:青年部"成绩较好,在此暑假间在府城设立夏令讲学会,由青年部委员陈公仁同志主持,请张难先、罗文淹、许侠夫同志担任教席,开得月余,成绩甚佳"①。

综上所述,在中共琼崖特别支部的领导下,各县开始筹建县总工会及其基层工会、农民协会筹备办事处、妇女解放协会和学生联合会等群众团体,激发了琼崖人民的革命热情,扩大了琼崖革命联合战线的规模,彰显了此时期琼崖统战宣传工作组织化、规模化的特点。

(三)加强中共琼崖党团基层组织建设,奠定琼崖统战工作的组织基础

中共琼崖特别支部成立后开展的一系列卓有成效的工作,促进了各地党团组织的建立和发展壮大,全琼相继建立起一批党团基层组织。

2月,中共琼崖东路特别支部成立(后改为部委),雷永铨任书记;文昌县党支部成立,支部书记周逸。

3月,广东省立第六师范学校党、团支部成立,支部书记为陈垂斌;琼崖仲凯农工学校党支部成立,支部书记符世梁;琼东县农民协会筹备办事处琼农党支部成立,支部书记曹超;琼东中学党支

---

① 王文明:《琼崖特别委员会工作概况》,中共海南省委党史研究室编:《琼崖大革命史料选编》,1994年,第464页。

部成立，支部书记符传范；乐会县农民协会筹备处党支部成立，支部书记王绰余；万宁县党支部成立，支部书记符光东。

4月，海口市总工会党支部成立，支部书记林平；儋县党支部成立，支部书记林海波；琼东嘉积镇党支部成立，支部书记陈世珍。

5月，临高县党支部成立，支部书记冯道南；陵水县党支部成立，支部书记黄振士（黎族）；定安县党支部成立，支部书记冯东明。

6月，澄迈县由党派到澄迈中学的陈垂斌、王业熹、郭儒灏等人建立邓仲党支部，支部书记陈垂斌；乐会县党总支成立，总支书记王绰余；乐会县农训所乐农党支部成立，支部书记雷永业；乐会县立中学党支部成立，书记张良栋。

在6月底以前建立党、团基层组织的还有府海地区的琼海中学、琼山中学、琼山师范、环海中学等单位。在崖县，先是成立共产主义小组，同年秋，成立崖县东南党支部，支部书记郑望曾。①

中共琼崖特别支部"为了认真贯彻党的第四次全国代表大会的决议，在广泛组织民族革命运动、工人运动、农民运动、青年运动的斗争中，加强党的领导作用，极其重视党团的建设和发展工作"②。到1926年6月底，全琼除感恩县和昌江县以外，都有了党团的基层组织。不到

---

① 中共海南省委党史研究室编著：《红旗不倒——中共琼崖地方史》，中共党史出版社1995年版，第46页。

② 中共海南省委党史研究室编著：《红旗不倒——中共琼崖地方史》，中共党史出版社1995年版，第45页。

半年时间，党的领导力量在琼崖大地上不断壮大，更好地引领了琼崖革命形势的发展。显然，大规模的党团基层组织建设是为了服务于广泛的民族革命运动，引导工人、农民和青年积极地投身到革命运动中来，持续推进最广泛的革命联合战线的发展，需要党坚强有力的领导，需要党团基层组织建设作为统战工作的保障。

在中共琼崖特别支部的领导下，琼崖全境的工、农、学、青、商、妇等团体均恢复、成立或改组了各自的领导组织，成为专门的革命团体。为建成广泛的革命联合战线，这些革命团体有针对性地组织和领导了革命运动，极大激发了琼崖民众的革命热情，为扩大琼崖革命联合战线的规模作出突出贡献。

二、中共琼崖第一次代表大会为琼崖统战宣传工作指明方向

随着琼崖地区中国共产党力量的迅速发展和琼崖各地中共党团组织的不断壮大，建立统一的领导全琼革命运动的中共琼崖地方党组织时机已然成熟。从此，琼崖统战宣传工作有了坚强的领导核心，明确的工作方向和重点。

1926 年 6 月，中国共产党琼崖第一次代表大会在海口市竹林村邱宅召开，会议由王文明主持，罗文淹、冯平、许侠夫、周逸、何德裕、李爱春、黄昌炜、陈三华、陈垂斌、罗汉等人代表 240 多名党员参加会议，中共广东区委特派员杨善集传达中共第四次全国代表大会精神和中共广东区委的指示。大会选举产生了中国共产党琼崖地方委员会，王文明任书记，罗汉、许侠夫、陈垂斌、黄昌炜、罗文淹、柯嘉予、冯平、何德裕、陈三华、李爱春等人为委员。

会上集中学习了党的四大作出的工作指示和工作重点："中国的民族革命必须有无产阶级参加并取得领导地位才能取得胜利，农民是无产阶级的同盟军，党必须动员和组织农民从事经济的和政治的斗争才能推动中国革命发展并取得成功的精神"，"通过的关于民族革命运动、工人运动、农民运动、青年运动等决议"，"以及在全国范围内更加广泛地建立党的组织，使党发展成为密切联系群众的党的决定"[①]。以上述工作精神、决议和决定为遵循，结合党的四大作出的工作指示和工作重点，明确中共琼崖党组织的工作重点，而这些工作重点又是此时期统战宣传工作的核心内容。在具体实践中，琼崖统战宣传工作呈现如下特点。

（一）重视党员发展和党组织建设问题

1926 年 3 月至 5 月间，国民党反动派先后策划并发动了中山舰事件和整理党务案。此时，如何发展和壮大中共琼崖党组织的力量、建立统一的领导组织成为中国共产党要面对的重要问题。为加强中共琼崖地区党组织建设的指导工作，"中共两广区党委派特派员杨善集回到琼崖指导工作，与王文明等一起在海口和嘉积等地举办短期党员训练班"[②]，鼓励工人、农民、青年学生和先进知识分子入党，同时在各革命组织和阶级团体中加强各级党组织建设。一批先进革命分子加入中国共产党，为中共琼崖地方党组织的创建奠定了基础。

根据中共琼崖一大的指示，在发展党员的问题上，不仅要"在工

---

① 中共海南省委党史研究室编著：《红旗不倒——中共琼崖地方史》，中共党史出版社 1995 年版，第 47 页。

② 中共海南省委党史研究室编著：《红旗不倒——中共琼崖地方史》，中共党史出版社 1995 年版，第 47 页。

人、农民和知识分子中吸收先进分子入党"，更要重视青年学生的入党问题。"马克思主义在琼崖革命青年学生中传播比较广泛深入，青年学生政治觉悟较高的情况，决定在城市、农村发展工人、农民党员的同时，注意吸收青年学生入党，迅速发展党的各级组织。"而在大力发展党组织建设中，强调要在"一切工人组织、农民协会及革命的组织，阶级团体里组织我们的支部和党团"，同时"在国民党和其他有政治性的重要团体中，应组织党团"①。在吸收进步青年加入党组织的同时，推进基层党团组织的建设，推动琼崖党组织的发展壮大。

（二）要继续巩固和扩大革命联合战线

根据党的四大的决议和精神，在国共合作背景下发挥中国共产党对革命的领导作用，党员要站在革命前列，带领群众将革命进行到底。大会认为："党组织在国民党琼崖特别委员会和各市、县党部中，要认真贯彻执行'党在国民党中工作的政策'，即在国民党内'反对右派而与左派结合密切的联盟，竭力赞助左派和右派斗争'。"②

会议分析了当时全国和琼崖的革命形势，认为琼崖党组织"政治上要巩固和扩大革命统一战线"③。1927 年 1 月 1 日，《中国国民党广东省党务月报》刊登了《中国国民党琼崖特别委员会指导部报告》，报告详细叙述了自 1926 年 7 月以来，王文明作为中国国民党广东省党务委员会特派员、琼崖各县党部指导员，对于琼崖各县党部不能充分发展的

① 中共海南省委党史研究室编著：《红旗不倒——中共琼崖地方史》，中共党史出版社 1995 年版，第 47 页。
② 中共海南省委党史研究室编著：《红旗不倒——中共琼崖地方史》，中共党史出版社 1995 年版，第 48 页。
③ 中共海南省委党史研究室编著：《红旗不倒——中共琼崖地方史》，中共党史出版社 1995 年版，第 48 页。

原因所做的调查，以及给出的指导各县党务的具体方法。作为中共琼崖地方委员会书记的王文明，贯彻中共琼崖第一次代表大会决议精神，同时以双重身份进行党务指导工作，这恰好说明了在国共合作背景下，面对全国和琼崖革命形势的发展，国共两党共同坚守的革命斗争方式，即"决定'党部机关与人民合作'的联合战线政策，以谋除去党部行政与人民间的隔膜"，"决定巩固'国民的联合战线'政策，促进各县党部切实帮助组织各种人民团体，再加以农工商学大联合，以巩固后方基础"①。

（三）加强中国共产党对琼崖群众运动的领导

为加强中国共产党对琼崖群众运动的领导，大会通过了关于开展职工运动、农民运动、政治工作、军事工作等决议案。

关于职工运动，会议强调党必须加强对职工运动的领导，决定在海口和各主要城镇组织和健全工会组织，在工会中建立党的基层组织，加强对工会的领导。

关于农民运动，会议根据党的四大关于农民是无产阶级的同盟军，"号召农民起来组织农民协会"开展农民运动的精神，决定在全琼崖各地村庄普遍建立农民协会，同农村封建势力、土豪劣绅作斗争。

关于军事工作，会议根据党的第一次中央扩大执委会关于"组织农民自卫军"和党的四大提出要普遍组织独立的农民协会，建立农民自卫军，保护农民利益，以及党的第二次中央扩大执委会

---

① 王文明：《中国国民党琼崖特别委员会指导部报告》，中共海南省委党史研究室编：《琼崖大革命史料选编》，1994年，第509—510页。

关于"继续扩大工人自卫军的组织"等决议，决定琼崖在组织农民协会的同时大力组织发展农民自卫军，组织工人纠察队，维护农民、工人的合法利益。同时，在国民革命军士兵中广泛进行反帝、反军阀、反封建的爱国主义教育。①

综上所述，尽管中共琼崖党组织成立较晚，但始终坚持中国共产党领导，以各次党的代表大会的决议为根本遵循，以中国共产党统战宣传工作实践经验为指导。中共琼崖党组织一经成立，便在琼崖大地全面铺开各基层党组织的建设、发动群众运动、推动建立广泛的革命联合战线等工作。中共琼崖第一次代表大会的召开和中共琼崖地方委员会的建立，是琼崖革命斗争史上具有重大意义的事件。从此，琼崖革命事业就有了坚强的领导核心，引领琼崖革命进入新的历史阶段。

三、中共琼崖地委与琼崖大革命高潮时期的统战宣传工作

在中共琼崖地方委员会的领导下，工人、农民、学生、青年、妇女、商界等各团体组建革命联合会，形成革命联合战线，积极踊跃地投身琼崖大革命的洪流中。

（一）工人运动高潮的到来与宣传教育工作的引领

依据中共琼崖第一次代表大会决议，在中共琼崖地委的领导下，掀起了工人运动的高潮。统战宣传工作先行，是此时期革命斗争工作的主要特点。

---

① 中共海南省委党史研究室编著：《红旗不倒——中共琼崖地方史》，中共党史出版社1995年版，第48—49页。

　　首先，创建工人基层组织，重视对工人的思想教育工作。

　　中共琼崖特别支部委员王文明以国民党广东省党部指导员兼国民党琼崖特别委员会工人部委员的身份，指导琼崖总工会及其基层工会的建设工作。经过努力，此项工作取得重大进展：自1926年2月海口市总工会创建以来，其下属基层工会创建情况如下："1. 汽车工会；2. 旅店工会；3. 琼山屠业工会；4. 茶居工会；5. 全基工会；6. 织造工会；7. 泥水工会；8. 驳载劳力工会；9. 木匠工会；10. 鞋业工会；11. 琼崖屠业工会；12. 箱业工会；13. 米谷工会；14. 宰贩工会；15. 理发工会；16. 车缝工会；17. 铜铁工会；18. 银业工会；19. 烧灰工会；20. 纸料工会；21. 内河船业工会；22. 熔炼工会。此外如皮业、印刷、店员、爆竹等工会，正在组织之间。"① 此后，琼东县嘉积总工会成立，并建立搬运、印务、汽车、理发、轮船、民船等基层工会。之后，文昌县成立县总工会，并建立汽车、理发、木匠、搬运等基层工会，相应地，乐会、定安、万宁、陵水、三亚等地也先后建立起总工会和基层工会。

　　工人基层组织创建工作之所以成效显著，主要原因在于王文明等深入广大工人群众中进行思想政治教育工作。根据王文明提交的《工人部总报告》的描述，琼崖总工部成立后，立即启动工人教育工作，主要采取开设工人训练班或夜校的方式，目的是"对工人群众进行马克思主义理论和文化知识的宣传和教育，提高工人的阶级觉悟，培养工人运动骨干，加强各级工会组织的力量"②。据悉，"当时许多党组织和工

---

① 王文明：《工人部总报告》，中共海南省委党史研究室编：《琼崖大革命史料选编》，1994年，第512—513页。

② 李德芳：《琼崖革命史》，南方出版社、海南出版社2008年版，第44页。

会领导人都多次到工人训练班讲课或作报告"①。然而，收效却不尽如人意，或因"种种困难不能持久"，或因讲授者"少有系统"，或因"听者来往不常"，最终并未收到良好效果。② 因此，为了更好地推动工人教育工作，需要加大宣传工作的力度，以提升工人和广大群众的思想认识。

其次，加大宣传工作力度，多形式地向工人和广大群众宣传革命思想。

在国共合作时期，将国民党党部和中共琼崖党组织关于工人运动的决议和指示结合起来，推动工人运动蓬勃发展及工、农、商、学等的联合成为国共双方共同关注的工作重点。为实现这一目的，宣传工作便成为关键。

王文明所作的《中国国民党琼崖特别委员会指导部报告》强调："对于宣传方面，指导各党部依照省宣传部政治报告大纲努力宣传外，并预备设立党务训练班，及党员训练班，切实训练各同志，至各种人民团体宣传口号，须与党部一致。"③ 根据报告精神，开办训练班成为加大宣传工作力度的重要方式。同时，开办工人夜校，以此作为对工人宣传教育的平台，以"提高工人的文化，启发和提高工人的政治觉悟和

---

① 中共海南省委党史研究室编著：《红旗不倒——中共琼崖地方史》，中共党史出版社1995年版，第50页。

② 王文明：《工人部总报告》，中共海南省委党史研究室编：《琼崖大革命史料选编》，1994年，第513页。

③ 王文明：《中国国民党琼崖特别委员会指导部报告》，中共海南省委党史研究室编：《琼崖大革命史料选编》，1994年，第510页。

阶级觉悟，加强工人团结"①。

在此基础上，为进一步加大宣传力度，工人部"特设工人教育宣传委员会，担任工人教育事宜，并设工人运动讲习所，以养成工运的中心人才，这个计划已经继续实行——《琼崖工人》刊已经出版，讲习所约两星期内亦可以开班云"②。据参加琼崖大革命的同志回忆，开设讲习所，确实是为了"培训基层工会的骨干和青年工人积极分子，充实基层工会的领导力量，逐步把工人引导上改善劳动条件、办工人福利、合理提高工资的经济斗争和反对压迫、争取解放的政治斗争"③。另据《海南省志·报业志》记载："1926 年 8 月，琼崖总工会创办《琼崖工人》，指导全琼工人运动。刊期和终刊日期不详。"④

由此可见，专设教育宣传委员会、开办训练班、开办讲习所、出版期刊，成为此时期工人运动宣传工作的主要形式。无论是领导机构建设还是工人运动骨干培训，无论是基层工人教育还是媒体宣传推广，均为此时工人运动的蓬勃发展奠定了坚实基础。此外，总工会还组织了宣传队，提出"打倒帝国主义""打倒军阀""团结起来，争取自由和解放"的口号，利用多种形式向工人和广大群众宣传革命思想，使广大工人和群众深刻意识到当前革命斗争的敌人是帝国主义、军阀、贪官污

---

① 李黎明：《关于大革命时期琼崖党和人民革命斗争的一些情况》，中共海南省委党史研究室编：《琼崖大革命史料选编》，1994 年，第 545 页。

② 王文明：《工人部总报告》，中共海南省委党史研究室编：《琼崖大革命史料选编》，1994 年，第 513 页。

③ 李黎明：《关于大革命时期琼崖党和人民革命斗争的一些情况》，中共海南省委党史研究室编：《琼崖大革命史料选编》，1994 年，第 545 页。

④ 海南省地方史志办公室：《海南省志·报业志》，南海出版公司 1997 年版，第 16 页。

吏和官僚买办资产阶级①，使他们的政治觉悟、思想认知获得空前提升，极大地调动了他们投身革命的积极性。

再次，以罢工形式维护工人阶级权益，同时推动工农联盟的发展壮大。

中共琼崖地方委员会自成立以来，最常见的工人运动的形式便是组织和领导工人罢工，其目的是保护工人本身利益和革命利益。

在王文明汇报的《工人部总报告》中便列举了四项纠纷问题及解决办法，即"海口织造厂工人与厂主之间的纠纷""全基工会工友与旅店工会的纠纷""鞋业工潮""小贩歇业"，这些纷争均以罢工的方式表达诉求，并取得了不同程度的胜利。1926年7月，海口织造厂工人受工厂主剥削，生存陷入危机②，其增加工资的诉求被工厂主拒绝后，工人开始罢工，最终迫使工厂主接受了工人增加工资和女工按月发工资的合理要求。8月，海口码头工人为反抗封建把头的盘剥，举行联合罢工，最终迫使封建把头做出让步。9月，海口鞋业工人为增加工资，举行罢工，最终以迫使资方增加三成工资的结果取得斗争胜利。12月，海口旅店工会通过罢工的方式，"向店东提出增加工资，实行8小时工作制，不能随意开除工人等作为复工条件"③，最终取得斗争胜利。事

---

① 中共海南省委党史研究室编著：《红旗不倒——中共琼崖地方史》，中共党史出版社1995年版，第51页。

② 当时海口有织造厂15家，工人1000余人。资本家对工人剥削很重，男工每月仅3—10元，女工是计件工资，平均每月只有3—4元，而且工资一个季度才发一次，工人生活极其困难。参见中共海南省委党史研究室编著：《红旗不倒——中共琼崖地方史》，中共党史出版社1995年版，第51页。

③ 中共海南省委党史研究室编著：《红旗不倒——中共琼崖地方史》，中共党史出版社1995年版，第51页。

实上，所有纷争均共同指向了一个核心问题：工人生活极其困难，利益无法获得保障。此时期的罢工运动，实是为了生存而战。

最后，扩大革命阵营，建立巩固的工农联盟。

此时期，最典型的代表——仲恺乡农协会的创建，便是得益于"泥水工会中的罗陈村工人就回到本村动员亲属参加农民协会"①。仲恺乡农协会把工人运动和农民运动结合起来，巩固和发展了工农联盟，夯实了革命斗争的根基。

（二）以宣传促进教育、以斗争扩大宣传的农民运动

中共琼崖地委成立之后，推动和领导农民运动的关键在于扩大宣传，推动农协会的创建，这也是共产党人积极贯彻孙中山"扶助农工"政策的结果。

首先，扩大宣传，加强党对农民运动的领导。

为了动员广大农民积极加入农协会，派驻琼崖农民运动特派员冯平、周逸、何毅等人，带领大批革命知识分子和工人下乡宣传和组织创建工作。由于农民历来是受封建势力压迫最重的，他们迫切要求打倒土豪劣绅，因此，在中国共产党的宣传教育下，广大农民认识到联合斗争的重要性，农民运动迅速发展起来。

1926 年 6 月，中共琼崖地委成立后，便重视加强对农民运动的领导和宣传。同年 7 月，发动放暑假的学生，组织他们下乡，进一步宣传农民运动。8 月，在海口召开琼崖第一次农民代表大会，会上传达广东省第二次农民代表大会精神，决定成立琼崖农民协会，并选举冯平为主

---

① 中共海南省委党史研究室编著：《红旗不倒——中共琼崖地方史》，中共党史出版社 1995 年版，第 52 页。

任。会后，又进一步扩大宣传工作，组织工人、学生深入农村进行宣传，旨在实现农民协会在琼崖的全覆盖。到1926年底，"全岛十三个县中，除感恩、昌江之外，有十一个县，党派去了农运特派员指导工作。农运搞得好的县是乐会、万宁、琼东、琼山；其次是澄迈、定安、临高、儋县、文昌、陵水、崖县等县"①。至此，"多数县的区乡农民协会也普遍建立起来了。这一年全岛组织到农会中来的农民已达二十万人之众"②。

其次，在农协会的领导下，全琼农民运动迎来高潮。

国民革命军克复琼崖后，琼崖推行的是国民政府规定的"二五"减租政策。但事实上，在执行时往往远远超出该规定，实际收缴比例为"半数或超半减租"③，琼崖农民的生活仍然十分困苦。因此，强制地主减租、没收地主不义之财和粮食等，并将其分给被压迫民众、销毁高利贷契据、改善农民生活便成为此时期农民运动的重点。在减租减息的基础上，组织农民向地主恶霸、贪官污吏、土豪劣绅发动了更加猛烈的进攻。这一时期，斗争的显著特征是以宣传促斗争，以斗争扩大宣传，掀起琼崖农民运动的高潮。

据叶虎《盐港怒潮》记载：县农民协会筹备委员会派来特派员、共产党员王天贵、谢育才、陈聘来到盐墩村进行宣传动员和组织建设工作。他们进村后，用张贴标语和挨家逐户访贫问苦的方式，传播革命真

---

① 肖焕辉：《海南人民早期的革命斗争》，中共海南省委党史研究室编：《琼崖大革命史料选编》，1994年，第529页。

② 肖焕辉：《海南人民早期的革命斗争》，中共海南省委党史研究室编：《琼崖大革命史料选编》，1994年，第528页。

③ 中共海南省委党史研究室编著：《红旗不倒——中共琼崖地方史》，中共党史出版社1995年版，第53页。

理，号召盐民们团结起来、组织起来，打倒官僚军阀、贪官污吏、土豪劣绅，废除苛捐杂税，实行减租减息。1926 年 4 月 4 日，盐墩乡农民协会成立，开始领导盐墩村盐民举行罢工，反抗反动的盐务机关的压迫和剥削。① 对此，《琼崖民国日报》连续数日发表消息和评论，支持盐民的罢工斗争。全县各区乡也迅速成立了援助农友罢工筹备处，筹粮筹款支援盐民罢工，将大批粮食和物资送给罢工盐民。罢工坚持了 2 个月，迫使政府和盐务当局不得不答应协会的一切要求，罢工取得完全胜利。② 此后，陵水县农民举行游行示威；海口市郊五村农民在冯白驹的领导下，开展"反霸护田"斗争；儋县发生了盐场、东方等村的农民反对"送租"的斗争；定安县爆发了反对反动县长的斗争。一时间，其他各地农民在农民协会的发动和领导下，也纷纷开展反对官府民团苛捐杂税、清算土豪劣绅侵占祖产、侵吞公款、横行乡里等欺压农民的斗争。最终，农民协会代替了原来的乡村政权，通过农民运动重整了琼崖基层社会组织结构，在党组织和农民协会的领导下，琼崖农民的思想觉悟和斗争热情获得极大提升，积极投身如火如荼的琼崖大革命的浪潮中。

再次，通过开办农民训练班和组建自卫队来保障农民运动的持续发展。

广东省第二次农民代表大会通过的《广东省农民协会章程》和《农民自卫军组织法》规定，购置和收缴地主枪支，建立起农民武装农

---

① 叶虎：《盐港怒潮》，中共海南省委党史研究室编：《琼崖大革命史料选编》，1994 年，第 628—631 页。

② 中共海南省委党史研究室编著：《红旗不倒——中共琼崖地方史》，中共党史出版社 1995 年版，第 53 页。

民自卫军①。1926 年 5 月，琼崖农民解放协会筹备会在海口举办，会议由冯平主持。会议强调，除了指导各县和海口市郊区成立农民协会外，还要组织训练所（琼崖高级农民政治军事训练所）。因此，在创办农民协会的同时，组织训练班和自卫队便成为此时期推动农民运动持续发展和维护农民运动胜利成果的重要保障。

1926 年秋天，开始以农民训练班的方式来组织农民自卫队，招收对象以琼山农民为主，还包括文昌、琼东、澄迈、定安等县和海口市郊调来的农民青年，规模在 80 人左右。农民自卫队采用军事化组织管理方式，集中 3 个月时间对训练班学员进行政治上、军事上和农会工作方面的专项培训，为基层农会培养人才。实际上，为了维护社会治安、保障农民利益，琼东、乐会、万宁、儋县、文昌、定安、陵水等地均组建了农民自卫队或自卫军。

随着农民运动的蓬勃发展，对农民运动骨干的需求也越来越大，尤其需要懂政治和军事知识的人才。因此，"中共琼崖地委在嘉积农工职业学校改名为琼崖仲恺农工学校后，加强对学校的领导，使之成为培养农民运动骨干的学校"②。不仅如此，经历半年探索，农民训练班（所）不断发展，培养了大批各级农民协会领导骨干和农民自卫队的指挥员，为琼崖农民运动和之后的革命斗争的发展作出重要贡献。1927 年初，琼崖高级农民政治军事训练所成立。第一期学员共 32 人，分别来自乐会、万宁、琼东、定安、陵水、儋县、琼山、澄迈、临高等地，值得注

---

① 中共海南省委党史研究室编著：《红旗不倒——中共琼崖地方史》，中共党史出版社 1995 年版，第 56 页。
② 中共海南省委党史研究室编著：《红旗不倒——中共琼崖地方史》，中共党史出版社 1995 年版，第 58 页。

意的是，该农训所内还成立了学员党支部，证明琼崖农民运动的发展始终在中国共产党的领导之下。

综上所述，琼崖农民运动取得了前所未有的成绩。总结其宝贵经验，关键在于：在中国共产党的领导下，在推动农民运动蓬勃发展的同时，始终将宣传和教育工作密切结合，寓宣传于教育中，在斗争中扩大宣传，三者紧密结合，逐渐改变琼崖民众的认知，大大促进了乡村农民教育的发展。例如，通过兴办学校、夜校和识字班等方式来普及教育，从号召青少年入学到男女老少一律免费入学，逐渐扩大平民教育的规模。而平民学校"既是识字教育之所在，又是政治宣传之所在"，除教农民识字外，还宣传革命真理和革命政策，提高广大农民的文化水平和政治觉悟。事实上，教育的发展，对于受封建思想禁锢较为严重的近代琼崖而言至关重要，它可以有效推动琼崖民众冲破封建迷信的束缚，革除陈规陋习，从思想上和行动上全方位地改变琼崖民众的面貌。

（三）青年学生运动成为统战宣传工作的重要平台

1926 年 7 月，中国共产主义青年团琼崖地方委员会在海口成立，并创办刊物《现代青年》。此后，《现代青年》成为琼崖青年运动和工作的重要宣传平台。

在《现代青年》第 2 期，《琼崖青年学生的解放运动》对此时期的青年学生运动进行概述："琼崖自邓本殷倒（台）后，一般青年学生，皆群起作解放运动，此次全属学联会之改组代表大会，统一青年运动，注重农工运动。择师运动，及援助琼海中学被开除同学运动。"① 此处

---

① 林基：《琼崖青年学生的解放运动》，中共海南省委党史研究室编：《琼崖大革命史料选编》，1994 年，第 465 页。

"择师运动"的前序事件便是"驱除钟衍林运动",此事件最终结果是演变成了"驱钟学潮",钟衍林迫于压力向学生认错,表示支持学生的革命行动。然而,"择师运动"却愈演愈烈,琼山中学校长王政、琼山师范学校校长白学初、省立第六师范学校校长李开定被赶下台;琼东嘉积省立第十三中学爆发"驱张运动"①,又被称为"十三中学潮";万宁中学掀起"驱陈运动"②;文昌中学爆发"反陆学潮"③;等等。

1. "择师运动"反映了教育界存在的众多问题

一是反革命分子把控琼崖教育界。以钟衍林为例,作为早期琼崖十三属学生联合会理事长,在学生工作和教育界地位卓然,然而却迫害学生运动、工人运动,又与邓本殷等反动派勾结,最终引发众怒,群起而攻之,演变成声势浩大的"驱钟运动"。

二是对学生革命运动持反对意见。例如,琼东嘉积省立第十三中学校长张韬、万宁中学校长陈儒敷等,事件的起因均是身为引领教育发展的核心人物,却阻止广大爱国师生投身琼崖大革命。

三是地方主义色彩严重,谄媚之风盛行。例如,"琼中是琼山县立的学校,当然免不掉地方主义的色彩,向来当校长的人,都非琼山的不可,这种地方主义的思想与活动,简直是琼山中学的败坏现象。而且校

---

① 驱张运动:琼东各界群众连续集会、举行游行示威,支持学生反对张韬开除符廷燕(校团支部书记)等5名革命学生。学生坚持罢课两周,并举行万人游行,迫使广东教育局撤销张韬的校长职务,"驱张运动"取得胜利。

② 驱陈运动:万宁中学进步教师刘伯川向学生宣传革命思想,支持学生投身革命,遭到校长陈儒敷的指责。学生在中共党组织的领导下,掀起"驱陈运动"。学生到国民党万宁县党部和县农民协会告状,迫使县长撤销陈儒敷的校长职务。

③ 反陆学潮:重点在揭露以陆师圣为代表的游走于革命和复古之间的教师,"满嘴崇经、读史、养气,不过有时谈谈主义,说说革命,可是他不过图点缀敷衍而已,仍然失不了治国故的真面具",因此,对学生和革命造成恶劣影响。

长的位置，是由县长决定的；只有谄媚奉承县长的饭桶教育界，才能有枪〔抢〕夺及稳定校长位置的希望。倘校长事事不能尊重县长的意志，那校长的位置就有根本摇动之忧，县长的位置既然变动也影响到校长位置的变动，此乃理有固然势所必至也"①。因此，出现校长谄媚县长、教师谄媚校长、学生谄媚教师等情况，忽视学生真正的利益。

四是游走于革命和复古之间的教师，对学生思想和革命发展造成恶劣影响。以文昌中学"反陆学潮"为例，学者们通过撰写相关文章揭露陆师圣的本质。例如，在《贡献文中学生小小的意见》一文中，作者就集中列举了陆师圣的"反对一切主义""反对社会上一切事务""读书人为特殊阶级""主张学术救国""一般为革命而奔走的青年，都目为不学无识之徒"等反动言论，而这些言论如果融入教育，其直接影响便是"养成学生闭户潜修，专门治国学的心"、"怀疑革命"或"非议革命"②。

因此，"择师运动"的真正意义便在于，起到净化教育界、宣传革命思想、维护学生利益、促进学生运动组织化和群众革命运动联合化的作用。

综上所述，此时期的青年学生运动呈现如下显著特点。

第一，揭露教育界问题，引起教育界反思。以学生为主体发起的轰轰烈烈的"择师运动"，体现了受到革命思想影响的琼崖青年对于教育现实的深刻反思，他们勇敢地承担起驱逐教育界反动分子、为琼崖学生

---

① 许侠夫：《琼山中学问题》，中共海南省委党史研究室编：《琼崖大革命史料选编》，1994年，第486页。

② 树仿：《贡献文中学生小小的意见》，中共海南省委党史研究室编：《琼崖大革命史料选编》，1994年，第490—494页。

谋利益的斗争使命。

第二，统一琼崖学生运动成为当务之急。尽管"择师运动"取得了较大的胜利，但在此过程中，受地方主义的影响，缺乏集中统一的领导和组织，"我们应巩固学生的组织，集中学生的力量，训练斗争的能力，渐由反抗黑暗教育而到反抗反动政治的斗争"①。因此，统一琼崖学生运动成为当务之急。

第三，深入农工群众。《谈谈海口府城的青年运动》一文特别强调：农工阶级的特性表现为"农工阶级占全国人口百分之九十八，他们都是无产阶级半无产阶级的被压迫的劳苦民众，他们的革命要求，比其他阶级更为急切而热烈，他们的革命力量，更比任何阶级伟大与巩固"。正因为农工阶级具有突出的革命性，便决定了"农工阶级不起来做革命，国民革命到底是不能成功的"。而青年学生对于琼崖革命的重要作用在于："欲农工起来做革命，全靠我们的青年学生负着唤醒与领导的责任。"② 然而，若青年学生们仅仅靠在学校谈些革命理论或到街道上巡讲、发传单等工作，便以为做到了唤醒与组织农工，则是大错特错的。因此，想要实实在在地担负起唤醒与领导农工阶级的使命，就要深入农工群众中去，采用农工群众喜闻乐见的、容易接受的方式，传递革命思想、激发斗争热情、促成革命大联合。

第四，明确琼崖青年的使命就是促成被压迫阶级的联合。琼崖青年"受新思潮之鼓荡而向旧制度、旧思想下总进攻的运动，共同向着光明

① 树仿：《贡献文中学生小小的意见》，中共海南省委党史研究室编：《琼崖大革命史料选编》，1994年，第494页。

② 符瑞华：《谈谈海口府城的青年运动》，中共海南省委党史研究室编：《琼崖大革命史料选编》，1994年，第500页。

坦荡的大道进行"。琼崖青年学生的解放运动需要打破地域和种族的界限，"联合全世界被压迫的工农阶级，把所有一切强权阶级，一概扫清，打出一条光明的大路"，在建设和奋斗中达到"全琼崖全中国的农工阶级和全世界的农工阶级，得从非人的生活中，得到自由平等"① 的目标。

综上所述，"择师运动"与反帝反封建的革命斗争结合起来，沉重打击了学校内外的反动势力，为青年学生运动的深入开展扫清了障碍，引领更多有识青年加入革命队伍。同时，鼓励学生将读书与实践相结合，发挥学生思想先进、觉悟高远的优势，积极走上与农工阶级相结合的道路。不仅如此，在党团地委的领导下，青年学生利用假期"组织学生宣传队、工运工作队、农运工作队（团），深入城乡宣传群众；发动群众，帮助工农组织工会、农民协会、妇女解放协会、童子团和办平民教育等，促进了群众革命运动的发展"②。

2. 平民教育运动成为大革命时期统战宣传工作的重要工具

平民教育运动发端于五四时期，一部分青年知识分子试图通过改良和革新教育来拯救落后的中国，核心思想是使全体人民尤其是工农群众接受教育，提高其文化知识水平，以达到消灭不合理的社会现象的目的。随着国民革命的爆发，平民教育运动成为国民革命的宣传工具，"因为有了平教运动，与平民有接近的机会，可以散布国民革命的

---

① 林基：《琼崖青年学生的解放运动》，中共海南省委党史研究室编：《琼崖大革命史料选编》，1994 年，第 465 页。
② 中共海南省委党史研究室编著：《红旗不倒——中共琼崖地方史》，中共党史出版社1995 年版，第 62 页。

种子"①。

1926 年 11 月 30 日，《现代青年》第 20 期发表文章《海口平教运动之过去现在及将来》，追溯了海口平民教育运动发展的进程，指出："海口的平教运动要以民国十二年（1923 年）为萌芽，当时的运动不过为基督教向平民宣传教义的一种宣传运动，换言之，就是基督教用平教为工具而作基督教义宣传运动的运动。"② 1924 年海南公学成立，学校学生利用暑假开办补习学校，对基督教所办的平民教育形成较大冲击，尽管存在"中途便有夭折兼以时疫蜂起，平教几乎停顿，而辍学者已占过半"的现象，但与基督教将平民教育运动当作传教工具相比，具有较大的进步性。

随着革命军克复琼崖，琼崖的各项建设工作有序推进，平民教育运动再次兴起。此时，平民教育运动的对象"最重要的是乡村，其次及城市；因为琼崖的平民，除海口、嘉积等几个城市汗流浃背的工人外，其余都是乡村脚蹈牛粪的农民了"。据调查，当时平民教育运动面临的现实情况是："海口、嘉积两处已有组织的数千工人，万宁、文昌、临高、乐会、澄迈数县已有组织的数万农民，他们过着悲惨劳苦的生活，很容易接受革命思潮的灌输，若平教运动普遍，教育上训练有方，可能引导他们成了有力量的革命军队。"③ 由此可知，平民教育运动对于国民革命具有重要意义。

---

① 许侠夫：《略谈琼崖平教运动》，中共海南省委党史研究室编：《琼崖大革命史料选编》，1994 年，第 502 页。
② 朱润川：《海口平教运动之过去现在及将来》，中共海南省委党史研究室编：《琼崖大革命史料选编》，1994 年，第 504 页。
③ 许侠夫：《略谈琼崖平教运动》，中共海南省委党史研究室编：《琼崖大革命史料选编》，1994 年，第 502 页。

为更好地推动平民教育运动，为国民革命集聚革命力量，海口平教委员会成立，朱润川、柯嘉予、林基、林平、冯超凡、李琏琛等任委员，主持海口全埠的平民教育运动，通过创办平民学校，为迫切需要接受教育的民众提供平台。海口平民教育工作的实施卓有成效："自成立以来数月的过程中，已办有平教日校二所，夜校五所，地址在得胜沙关厂坊、中山公学中山小学部、琼海工人俱乐部、海甸第五庙等处，男女生徒已达二百九十余人。"① 其经验被琼崖各地学习，在嘉积、文昌、万宁、乐会等县也先后成立平教委员会，共同推动琼崖平民教育工作的展开。就具体工作而言，主要包括：满足平民对识字的迫切愿望，教授其浅显且需要的文字；利用简短而清晰的演讲向平民讲述其所遭受的苦难，以引领其认清自己的处境和应负的责任；指导平民的娱乐生活，将革命思想通过歌唱或话剧的形式融入日常生活；等等。

经过一段时间的运行，朱润川代表海口平教委员会对海口地区平民教育运动中遇到的困难进行了总结：

(1) 经济缺乏，从物质上影响到精神上去；

(2) 负责的同志过少，好多工作都效率不大；

(3) 宣传的工作忽略，知道平民识字好处底人少；

(4) 没有圆满的计划，当然成绩毫无；

(5) 儿童过多，成年的平民少；

---

① 朱润川：《海口平教运动之过去现在及将来》，中共海南省委党史研究室编：《琼崖大革命史料选编》，1994 年，第 505 页。

（6）尚不注意到图书馆方面。[①]

为了克服上述不足，青年部主导成立的平教委员会分别从教育场地、图书馆方面、宣传工作，甚至是平民的心理、受教育的需求、读书的兴趣、教职员的工作重心等方面进行详细规划，以期更加科学有序地推进海口乃至整个琼崖的平民教育。

3. 琼崖公学成为加强青年思想政治教育的重要方式

早在 1923 年，共产党员纪慕天"在海口盐灶法国领事馆创办了琼崖公学，招收穷苦青年入学"，对宣传革命思想和马克思主义起到重要作用。遗憾的是，因纪慕天被邓本殷杀害，琼崖公学被迫停办。

1926 年 7 月，中国共产主义青年团琼崖地方委员会成立。中共琼崖团地委非常重视对青年学生的宣传教育，"党团组织领导人杨善集、王文明、许侠夫等人，经常到各学校作关于革命形势和理论知识的演讲，还为党团员举办各种训练班，提高青年党团员的政治觉悟"[②]。据马白山《大革命前后府海地区的学生运动》一文，杨善集、王文明等人的讲解通俗生动，精辟透彻，每次都博得学生们热烈的掌声。他们主要向青年学生介绍马列主义的基本知识和俄国十月革命的基本经验，论述我国现阶段革命的性质、对象和主要力量，指出学生运动的方向和重要性。

为更好地培养革命人才，"1926 年重新开办琼崖公学，招生一百余

---

① 朱润川：《海口平教运动之过去现在及将来》，中共海南省委党史研究室编：《琼崖大革命史料选编》，1994 年，第 505—506 页。

② 中共海南省委党史研究室编著：《红旗不倒——中共琼崖地方史》，中共党史出版社1995 年版，第 60 页。

人，由陈公仁、林基、林平、柯嘉予、冯骥等人为教员。……在学校中建立了党、团支部，组织学习周恩来编写的《入团知识》《怎样当支部书记》等，提高学生的政治觉悟和组织领导能力"①。琼崖公学的创办和发展贯穿琼崖革命战争年代，其重要意义在于，在复杂的革命背景下、多元的意识形态发展和角逐中，始终在中国共产党的领导下，以马克思主义和中国革命实际、理论、方针、政策作为宣传教育的主要内容，注重对青年价值观的培育，统一学生思想和行动，引领学生走向联合。

当然，学生运动的宣传和斗争形式是多样的，以择师运动和平民教育运动为斗争主题，以罢课、游行、集会、演讲、办报纸等为主要形式。为更好地实现学生运动的目标，辅以定期出版壁报，咏颂大革命歌曲，组成小型学生宣传工作队支援农民运动、工人运动和妇女运动，组成大型文艺宣传队、学生工运工作队、学生农运工作队等形式，真正发挥青年学生在群众运动中的组织和宣传作用。此时期，青年学生成为促成琼崖工人、农民、青年、商人和妇女等群众运动走向联合的重要纽带。

（四）琼崖妇女运动的蓬勃发展彰显琼崖革命联合战线建设的成效

1925 年 12 月，广东妇女解放协会会刊《光明》第 4 期刊登了"广东省妇女解放协会琼崖分会在海口成立"的消息。自该协会成立以来，琼崖妇女运动蓬勃发展。1926 年 6 月中共琼崖地方委员会成立后，积极贯彻落实党的妇女解放斗争的方针、政策，加强对妇女运动的领导，

---

① 中共海南省委党史研究室编著：《红旗不倒——中共琼崖地方史》，中共党史出版社1995 年版，第 60 页。

设立琼崖地委妇女部，由琼崖地委委员陈三华兼任部长。中国共产主义青年团琼崖地方委员会成立后，陈玉婵任团地委委员兼妇女部部长。1926 年下半年，琼崖妇女解放协会进行调整和扩充，陈三华、陈玉蝉、陈国盈、冯爱媛为负责人。琼崖各地 13 个县，除昌江、感恩外，都陆续成立了妇女解放协会。在中国共产党和各地妇女解放协会的领导下，琼崖妇女运动蓬勃发展。

重点关注琼崖妇女思想解放运动。琼崖妇女长期深受封建制度和腐朽思想的束缚，在封建政权、族权、神权和父权的多重压迫下，生活十分悲惨。因此，引领妇女解放思想，冲破封建伦理和旧式家庭束缚，接受新式教育和思想便成为琼崖妇女解放运动的核心内容。具体表现为，在先进的琼崖青年妇女影响下，琼崖妇女开始主动接受教育，通过上夜校的方式学习知识，以剪掉辫子、反对裹足的方式向旧式陋习反击，以反对丈夫虐待妻子、要求婚姻自由的方式向落后的封建婚姻制度发起挑战，在政治上、教育上、职业选择上要求男女平等，等等。

在思想获得解放的基础上，琼崖妇女积极投身到反帝反封建的革命斗争中。妇女解放协会琼崖分会成立以来，积极参与"召集各团体讨论，驱除邓本殷后之琼崖地方改造办法，及赞助革命政府施行一切政治"，参与欢迎革命军各项庆祝大会、为庆祝分会成立的联欢活动、为庆祝妇女节的庆祝活动，发布援助琼崖学联会驱钟宣言，参与琼崖各界慰问省港罢工活动等。可以说，在海口、府城、嘉积、文昌等地，大小政治性集会都有妇女参加，这无疑是琼崖妇女解放运动成效的集中表现。

受工人、农民、学生运动的影响，琼崖妇女运动也蓬勃发展起来。

1926 年下半年，琼崖妇女解放协会迎来组织建设的发展时期，各县的妇女解放协会相继成立。各县妇女解放协会负责人分别是："文昌县为吴冠群，琼山县为陈玉婵，澄迈县为李培兰，临高县为陈淑梅，儋县为吴丹心，琼东县为符俊华，乐会县为曹家椿，万宁县为李慕琼。另外，为加强琼崖东路的妇女运动，琼崖东路妇女解放协会在嘉积成立，负责领导琼东、乐会和万宁等县的妇女工作，负责人为马士分。"① 在中共琼崖党组织和琼崖妇女解放协会及其分会的领导下，受工人、农民、学生运动的影响以及革命形势发展的需要，中共琼崖地委在省立第六师范学校举办社会工作训练班，指定陈玉婵、冯爱媛、陈秋若等妇女干部参加学习，培养妇女运动骨干。同时又派出一批女共产党员和进步女青年，分别在海口和各县创办女子学校，专门招收女子入学读书。此时创办的女校有海口中山女子学校、府城女子第一高等小学和女子职业学校、文昌县中山女子学校、临高县女校、澄迈县女子高等小学、万宁县女校、陵水县妇校等，此外，琼崖仲恺农工学校专门增设一个妇女班。这些学校主要是对女青年进行新文化教育、革命理论教育和思想教育，并且通过建立党团支部的方式培养大量女性入团、入党，为革命工作储备大量人才。在中共琼崖党组织和各级妇女解放协会的领导下，广大妇女政治觉悟迅速提高，焕发出高涨的革命热情，勇敢而坚定地参与到反对帝国主义、封建主义和官僚资本主义的革命斗争中来。

综上所述，琼崖工人运动、农民运动、青年学生运动和妇女运动的兴起和发展，标志着琼崖大革命高潮的到来。在中国共产党的领导下，

---

① 中共海南省委党史研究室编著：《红旗不倒——中共琼崖地方史》，中共党史出版社 1995 年版，第 64 页。

各类群众运动主题思想统一、宣传内容统一、行动方式统一、斗争人物统一，真正实现了琼崖广大民众的联合，对巩固广东革命根据地，支援国民革命军北伐作出重要贡献。

四、中共琼崖党组织统战宣传工作的宝贵经验

中共琼崖党组织建立后，统战宣传工作同革命斗争相结合，在斗争中扩大宣传规模，通过宣传促进革命战线的大联合。此时的统战宣传工作特点鲜明，也为日后的统战宣传工作留下宝贵经验。

（一）坚持中国共产党的领导

在琼崖革命发展的历程中，始终坚持中国共产党的领导。一批又一批早期琼籍共产党员率先投身于琼崖的革命斗争，在日积月累的实践中意识到党一贯主张的联合斗争的重要性，主动承担起推动琼崖群众走向联合斗争的领导、组织和宣传工作。坚持中国共产党领导，成为琼崖统战宣传工作的宝贵经验。

在琼崖早期抗日斗争中，陈英才、陈世训、黎茂萱、麦宏恩等人创建了崖县第一个共产党小组，陈英才任组长；后又成立崖县第一个党支部——东南支部，成为崖县农民运动的核心组织。正是在早期中国共产党人的领导下，琼崖各界民众、团体和组织联合起来，促成何瑞年盗窃西沙资源案的解决。可以说，在琼崖早期的抗日斗争中，扛起护卫海权国基大旗的正是早期中国共产党人，在其所从事的早期斗争中，十分重视宣传工作，更注重联合斗争。

在五四爱国运动中，杨善集、王文明、陈垂斌、周士第、叶文龙、王器民、洪剑雄、冯平、冯白驹、许邦鸿、黄昌炜、符节等先进青年深

受爱国主义思想和郭钦光"以命醒民"事迹的影响，积极投身到促进琼崖民众觉醒的运动中来。在斗争过程中，他们带领琼崖青年和学生纷纷走向街头、深入工厂、融入农村，采取创办报纸、出版书籍、改良琼剧、兴办学校、开展"三罢"运动、创建革命团体等众多形式反对帝国主义、封建主义、官僚资本主义，宣传新思想、新文化，对于传播马克思主义和促进琼崖人民的觉醒起到积极作用。在持续不断的斗争和学习中，这些青年逐渐成为拥护和信仰马克思主义的先进分子，不约而同地选择加入中国共产党，拥有了坚定的政治信仰，以更加饱满而积极的热情投身于革命运动中，使琼崖大革命时期的统战宣传工作有了坚强的领导核心。同时，五四运动以来的联合斗争经验又成了琼崖大革命时期统战宣传工作的重要指导。

国民革命军克复琼崖后，先后有三批共产党员和团员进入琼崖进行革命活动。第一批主要是国民党广东省党部和省农民协会的特派员及广州农民运动讲习所毕业后返琼搞工农运动的；第二批是在国民革命军中工作，跟随部队入琼崖的，主要有第四军党代表罗汉、第十二师党代表兼政治部主任王文明、第十一师政治部主任摩乾五、第三十四团政治部主任伍锋等；第三批是在国民革命军渡琼的同时，由全国总工会、国民党中央党部各部派遣到琼崖开展工运、农运、青运、妇运的特派员等，共二百余人。① 至此，建立中共琼崖地方组织，已经成为琼崖革命的客观需求，中共琼崖党组织迎来了重要的创建和发展期。

（二）"与人民合作"成为统战宣传工作的指导思想

国民革命军渡琼后，琼崖实现了一定程度上的统一，但其建设和发

---

① 中共海南省委党史研究室编著：《红旗不倒——中共琼崖地方史》，中共党史出版社1995年版，第43页。

展问题成了有识之士关心的重要内容。杨善集发表文章《党部、行政机关与人民合作》强调，当前琼崖建设存在的问题是"党自办党、行政自办行政、人民自办人民，各行其是"，而解决此问题的关键便是"党政行政机关与人民合作"，保持与人民的密切联系，共同建设和发展琼崖。同时，共产党员王文明和符国光作为国民党琼崖特别委员会特派员奉命返琼，亲自着手整顿各县市党部，并撰写《琼崖特别委员会工作概况》，刊登于《中国国民党广东省党部党务月报》第6期。文章指出，琼崖13县除感恩一县还未着手筹办党部外，其他12县均已成立党部。此外，文章强调了党部、行政和人民相互分离、各自为战的特点，其表现为："惜各县县长未能与党部及人民合作，县长既不尽力帮助党部及人民团体（如农会等），而党部及人民亦无有拥护各县县长之决心，使行政自行政，党部自党部，人民自人民，各行其是，不相为谋。因此，各县党部有不能发展之希望！"①

因此，王文明提出党部、行政机关与人民合作的政策，并把推进此项政策作为在联合战线基础上整理各县党务的首要任务。关注的重点工作还包括："一方面文明起草党部、行政机关与人民合作宣传大纲发寄各级党部；一方面由特委通知各县党部，行政公署令饬各县长均指出从前各方面之误点，并说明今后合作之必要；再由王文明与符国光同志分途出发各县（文明赴东路各县，国光同志赴西路各县）广为宣传，并切实指导。"从这部分工作内容可知，在中国共产党党部建设工作中，共产党员积极推进党务、政务与人民的密切结合，这从侧面反映了中国

① 王文明：《琼崖特别委员会工作概况》，中共海南省委党史研究室编：《琼崖大革命史料选编》，1994年，第462页。

共产党人密切联系群众，即始终坚持创建和扩大联合战线的工作方针。在此阶段，王文明等人采取的主要方式便是推进对党部、行政机关与人民合作的宣传。其工作成效表现为："现在凡经文明所到之处——文昌、琼山、琼东、乐会、万宁等县，我们所提出之党部，行政机关，与民合作政策，大半已经实现。"①

（三）重视对党员和群众的思想政治教育和宣传工作

早期中国共产党人非常重视对党员和群众的思想政治教育和宣传工作，除创办革命期刊外，最直接的方式是兴办教育，并将教育和宣传紧密结合起来，唤醒民众，提高民众觉悟，传播新思想和新文化。

五四时期，共产党员和青年团员便通过琼崖学联和青年互助社，发动广大青年学生利用暑假、寒假，组织宣传队，深入工人、农民中去，创办工人、农民夜校和中午上课的平民学校，义务教工人、农民学文化，向工人、农民宣传革命理论和科学文化知识，组织群众开展破除封建迷信活动。

自中共琼崖地委成立至1927年春，琼崖地区党组织建设和群众运动如火如荼，掀起了琼崖大革命的高潮。其间，中共琼崖地委借助刚刚创建的各级党团组织和群众组织，持续推进对党员和群众的宣传教育工作。如前文所述，从基层党团组织到工人基层工会组织、农协会和妇女解放协会分会等，均成为中国共产党对党员和群众进行教育的核心组织。

据李黎明的遗稿《关于大革命时期琼崖党和人民革命斗争的一些

---

① 王文明：《琼崖特别委员会工作概况》，中共海南省委党史研究室编：《琼崖大革命史料选编》，1994年，第462—463页。

情况》记载，当时对党员教育的主要内容是党的基本知识和怎样做一个共产党员。同时，发布党员须知十则：

一、什么是 C.P、C.Y；

二、共产党员要为共产主义奋斗终身；

三、个人服从组织，服从党的分配和调动；

四、依时参加党的小组会，过党的组织生活；

五、遵守党的纪律；

六、严守党的秘密，对任何人（包括自己的亲人）也不能泄漏〔露〕党的秘密；

七、每个党员要积极为党工作；

八、要按时交纳党费（三个月不交党费就除名）；

九、在生活会上要开展批评与自我批评；

十、党员离开时要作迁移报告。①

经过教育，每位党员开始懂得"中国共产党是无产阶级的先锋队，党的组织原则是民主集中制，少数服从多数，个人服从组织，下级服从上级，全党服从中央"②。每一位党员都感到肩上担有严肃而艰巨的任务，但政治上是光荣的。

在中国共产党的领导下，群众教育迅速展开。在工人、农民、青年

---

① 李黎明：《关于大革命时期琼崖党和人民革命斗争的一些情况》，中共海南省委党史研究室编：《琼崖大革命史料选编》，1994年，第544页。

② 李黎明：《关于大革命时期琼崖党和人民革命斗争的一些情况》，中共海南省委党史研究室编：《琼崖大革命史料选编》，1994年，第543页。

和妇女运动中，教育和宣传工作往往是重中之重，是持续推进群众运动的内驱动力。此时期，夜校、平民学校、各类训练班、讲习所、女子学校和琼崖公学等成为推动党员和群众教育的主要平台，除了以讲授或讲座的方式开展教育外，还通过绘制板报、学生小型宣传队、大型文艺宣传队等方式进行灵活宣传，加上国共双方发行的各类期刊等主流宣传媒介的推广，均为此时期群众的教育和宣传工作提供了重要保障。通过教育和宣传，琼崖民众的斗争意识普遍觉醒，改变了琼崖的社会风气和民众的精神面貌；琼崖民众积极学习文化知识和先进的思想理论，对中国革命和琼崖革命斗争有了明确的认知，积极投身于琼崖反帝国主义、反封建主义、反官僚资本主义的大革命热潮中。同时，在具体的革命实践中又充分认识到中国共产党领导的重要性和广大民众联合的重要意义。

值得注意的是，党特别关注对青年的思想教育和宣传工作。《关于大革命时期琼崖党和人民革命斗争的一些情况》写道："党的领导同志杨善集、王文明、许侠夫等经常给青年学生作关于政治形势和革命理论、社会进化史的演讲，效果很好，给青年学生以很大的启发、教育和鼓舞。"① 对于青年而言，阅读报纸、杂志和书籍是他们汲取知识的重要途径，是中国共产党对青年进行思想政治教育和宣传的重要平台，更是推进统战宣传工作的重要媒介。因此，发行革命报纸、杂志和书籍便成为中国共产党宣传和教育青年的重要方式。

（四）重视对青年价值观的树立和培养

1926 年，杨善集返琼从事革命工作，巡行于府城、文昌、嘉积、

---

① 李黎明：《关于大革命时期琼崖党和人民革命斗争的一些情况》，中共海南省委党史研究室编：《琼崖大革命史料选编》，1994 年，第 544 页。

琼东等地进行演讲，演讲的题目包括《人类社会进化史及其公例》《世界现状及其趋势》《中国国民革命的过去现在与将来》《革命的人生观》等。在这一过程中，杨善集关注青年价值观引导的重要问题。他在文章《革命杂话》中写道："讲后亦略能冲动一班青年的心胸，旧朋新友，每每欲与我详谈革命的理论，与新的人生观问题，但因时间的限制不能尽量畅所欲言。今又急即返省，不能再留，因借兹封公开的信，以达于亲爱的青年朋友面前。"杨善集想要交流的核心问题便是青年学生的价值观。文章还写道："我们青年一出社会，耳朵中便听见'什么都是假的，要钱是真的'一句惊心骇目的惊话，而现实中此话却被知识浅显和意志薄弱的青年信以为真，持这种观点的青年，其结局显而易见投向于旧社会或成为土匪中的一分子。"实际上，"'要钱是真的'这一句话是资本侵入农村，乡村生活破产而必然起的呼声，只有根本上跑去做革命，才能改造社会与救出自那时便有一点真事可做"。如何改造青年们的价值观呢？"社会科学是能够解剖社会问题的利器"，对于琼崖青年而言，影响其思想和价值观的便是农业组织和生活使他们形成的短视和狭小的地方观念和部落观念，琼崖青年们无论如何求学，其目光紧盯的仍然是琼崖，这无异于"什么都是假的，要钱是真的"之于琼崖青年价值观的写照。

我们究竟要想明白的问题是什么呢？"我们的求学问题，如无钱读书与无师教书的痛苦，旧家庭的压迫，婚姻的错误，职业的恐慌，处处都可以令青年垂头丧气。我们要想一想那一条是我们的出路，是社会大多群众的出路呢？"

许侠夫在《现代青年》第 8、9 期合刊上发表文章《怎样做一个革命青年》，对当前琼崖青年在进一步谋求出路时所遇到的问题进行描述："有一部份〔分〕青年学生都颇认识这种的痛苦，但是因为他们没有扫除固有的部落思想，仍旧不能走上革命的道路，又有一般〔班〕青年学生虽能脱离宗法社会的思想，似乎有革命的倾向，抱革命的热忱；但是因为他们不深刻了解革命的理论，不明白革命的路径，以致行动上发生根本的错误，为伪革命及反革命者所利用，虽然他们主观上觉得所做的是革命的行为，惟在客观上的确是妨害革命的事业。"为解决上述问题，引领琼崖青年走上真正的革命道路，早期中国共产党人和革命者纷纷建言献策。

杨善集用亲身经历告诉青年要成为怀有革命人生观的新青年："二十四岁我在工程校卒业（实在工程知识太少），家庭屡函催我返琼，惟我决意赴俄一游，因我思新社会的思念非常之急。驻俄年余，四方游览，此时才将革命的人生观巩固起来；善集已非仅是琼崖的青年而已自居为现代的青年了。"①

许侠夫则直接回答了要成为一个革命青年应具备的条件："第一，要有坚定的革命主义的信仰，革命青年的先决问题，必须坚定信仰一种革命主义。第二，要参加革命团体。第三，要能领导群众。第四，要有牺牲奋斗的精神。"②许侠夫提到的"革命主义的信仰"是指"革命主义是从社会实际状况中所生出来的果实，是适合现代社会状况的需求。我们的信仰革命主义，绝不是感情的直觉的信仰，而是从社会现实情形

---

① 杨善集：《革命杂话》，中共海南省委党史研究室编：《琼崖大革命史料选编》，1994年，第469页。

② 许侠夫：《怎样做一个革命青年》，中共海南省委党史研究室编：《琼崖大革命史料选编》，1994年，第476页。

中观察得来的"①。在《现代青年》第 10 期，许侠夫通过两篇文章向广大青年和琼崖民众详细说明革命主义信仰的来源，这两篇文章分别是《怎样纪念孙中山先生》和《苏俄革命纪念中的列宁》。前者详述孙中山联俄、联共和扶助农工三大政策，并强调："纪念孙先生，就要想到孙先生三大政策；因为三大政策，是孙先生四十年革命奋斗经验的结晶，是指导中国国民革命运动真正的出路。"后者强调："苏俄革命，是率领俄国的无产阶级和一切被压迫阶级而斗争创造出来的，所以苏俄革命，就是列宁主义的结晶。于是我们可以明白苏俄革命是实现了列宁主义的无产阶级专政的理论，也是实现了列宁主义的民族解放的理论。"两者之间的关系在于："中国国民革命领袖底孙中山先生的主义，是与列宁主义相符的。列宁临死的时候，还很深切的遗嘱，世界无产阶级革命千万不可轻视中国国民革命。最近的中国国民革命运动之发展，确已证明与列宁主义的关系；因为列宁主义，是唤醒各国无产阶级与被压迫民族的联合，共同推翻国际帝国主义。"② 因此，中国革命青年所要坚守的主义便是汲取苏俄革命经验、将马克思主义基本原理同中国具体实际相结合，推动中国无产阶级和一切被压迫阶级进行联合斗争，共同推翻帝国主义，真正实现民族解放和独立。

---

① 许侠夫：《怎样做一个革命青年》，中共海南省委党史研究室编：《琼崖大革命史料选编》，1994 年，第 475 页。

② 许侠夫：《怎样做一个革命青年》，中共海南省委党史研究室编：《琼崖大革命史料选编》，1994 年，第 481 页。

第六章

中共琼崖党组织统战宣传工作遭受的巨大挫折——革命联合战线破裂

1926年，国共两党发动针对受帝国主义支持的吴佩孚、孙传芳和张作霖三派势力的北伐战争，"不到10个月内，……打垮了吴佩孚、孙传芳的主力，将革命从珠江流域推进到长江、黄河流域，席卷了半个中国，北洋军阀迅速崩溃"①。这是此时期以建设和发展革命联合战线为核心的统一战线工作所取得的重大成就。然而，危机却如影随形。

1925年3月，孙中山逝世；8月，廖仲恺被刺身亡；11月，国民党右派召开西山会议，严重影响国共合作统一战线的巩固和发展。1926年1月，国民党第二次全国代表大会在广州召开，蒋介石当选为国民党中央执行委员和国民革命军总监；3月，蒋介石制造中山舰事件，其结果是"共产党员被挤出第一军，蒋介石在政治上、军事上的地位大大加强"②；5月，国民党召开二届二中全会，会上通过《整理党务案》，实现了将共产党人排除国民党领导岗位的目的，蒋介石当选国民党中央执行委员会常务委员会主席和国民革命军总司令，获得了国民党、国民政府和国民革命军的最高领导权。在继续推进北伐战争的同时，蒋介石反共面目越来越明显，1927年2月，蒋介石以国民党党、政、军5个最

① 中共中央统战部：《中国共产党统一战线史》，中共党史出版社2017年版，第21页。
② 中共中央统战部：《中国共产党统一战线史》，中共党史出版社2017年版，第23页。

高领导机构首领的名义，在南昌自称"中央"，公开其反动面目。随后，共产党和国民党左派发起联合斗争，通过国民党二届三中全会巩固党权、制约军事独裁、推行集体领导。对于国民党二届三中全会通过的决议，蒋介石表面拥护，但实际上加快了其勾结帝国主义进行反共的步伐。1927年4月初，蒋介石等人在上海召开秘密会议，决定以暴力手段实施"清党"，发动四一二反革命政变、七一五反革命政变，并扬言"宁可错杀千人，不使一人漏网"，大肆屠杀中国共产党人和革命群众。至此，持续三年多的大革命失败了，第一次国共合作全面破裂。

据琼崖早期革命骨干、中国共产党人郭儒灏回忆："从一九二七年二月开始，由于蒋介石篡夺革命领导权及三月二十日'中山舰事件'的影响，海南反动分子开始抬头，以甘乃光，陈孚木为首的所谓国民党广东'左'派青年分子，异常猖獗；以刘某（澄迈县人）充任海南国民党特派员，阴谋篡夺各县国民党党部领导权；以吴国鼎夺取《琼崖民国日报》社；以邢觉非充任工人运动特派员，分裂海南工人运动；以吴祥春等一伙破坏青年学生运动，以王佐才等破坏农民运动。"[1] 最初，这些反动势力并不强大，但由于海南党组织为了继续维护革命联合战线，"害怕革命统一战线决裂，对反动派采取忍耐退让态度。放弃军队及政权中的领导权，没有积极领导群众起来斗争，使反动派更加疯狂起来"[2]。这些反动势力暗中勾结，伺机破坏海南革命运动。

由于消息封锁，1927年4月21日琼崖地委才接到中共广东省委的

---

① 中共海南省委党史研究室编著：《红旗不倒——中共琼崖地方史》，中共党史出版社1995年版，第70页。

② 郭儒灏：《大革命时期海南革命斗争的一些回忆》，中共海南省委党史研究室编：《琼崖大革命史料选编》，1994年，第621页。

指示，大意是：国民党右派背叛革命，屠杀共产党人，琼崖党组织要做好准备，绝对不能让敌人破坏我党组织和获得党的机密文件，党、团负责人要离开，党的领导机关和工作人员必要时可撤出城市，转移至农村。[①] 1927 年 4 月 22 日，琼崖四二二反革命政变爆发，海南大批优秀共产党员和革命群众不幸遇难。据统计，被敌人逮捕的共产党员和革命群众有两三千人，除少数获救或被判刑外，大部分人被杀害。中共琼崖革命党组织遭到重创，"海口、府城被捕被害的同志中有地委委员陈德华，党的负责同志朱润川，青工负责同志何万桂，工会负责同志林平、吴飞雄，妇女会负责同志陈玉婵，第六师范教员林基、洪钟等数百名同志"[②]，以农民、工人、青年、妇女、学生等为核心的革命联合战线遭到严重破坏。国民党琼崖反动当局成立琼崖清党委员会，迅速将"清党"运动向各县扩展，致使整个琼崖笼罩在白色恐怖之下，琼崖大革命失败，琼崖革命转入低潮。

琼崖大革命给予世人最宝贵的经验是：中国革命必须坚持中国共产党领导，把马克思主义基本原理同中国具体实际相结合，制定符合中国革命实际的正确的政治路线和方针政策；必须建立革命统一战线，建立包括工人、农民、青年学生、妇女、小资产阶级和城市资产阶级在内的广泛的革命统一战线，在统一战线中结成巩固的工农联盟；必须建立一支由中国共产党领导的强大的革命武装，以武装的革命去反抗武装的反革命，给予统一战线以坚实的保障。

---

① 中共海南省委党史研究室编著：《红旗不倒——中共琼崖地方史》，中共党史出版社 1995 年版，第 70 页。
② 郭儒灏：《大革命时期海南革命斗争的一些回忆》，中共海南省委党史研究室编：《琼崖大革命史料选编》，1994 年，第 622 页。

在革命斗争处于紧要关头之时，中共广东省委为了加强琼崖党组织的领导，派杨善集回琼指导工作。1927 年 6 月，中共琼崖地委在乐会县第四区宝墩村李氏祠堂召开紧急会议，"会上根据中共中央的指示，决定将中共琼崖地方委员会改为中共琼崖特别委员会。选举杨善集、王文明、冯平、许侠夫、陈垂斌，罗文淹等为委员，并成立了军事委员会和肃反委员会；杨善集任特委书记兼军事委员会主席，王文明任肃反委员会主席"①。以积极、奋斗和牺牲精神赢得琼崖民众广泛信任的中共党组织，引领琼崖民众迎接新的革命高潮的到来。

---

① 中共海南省委党史研究室编著：《红旗不倒——中共琼崖地方史》，中共党史出版社 1995 年版，第 74 页。